생각 쑥쑥!

SCRATCH 3.0기반

스크래치와 마이크로비트로 배우는 교과 융합 코딩

마비와 네 명의 친구들이 마이크로비트를
활용하여 교과와 융합한 다양한 과제를
어떻게 해결해 나가는지
함께 경험해 볼까요?

씨마스에듀

이 책을 내며…

    마이크로비트는 영국 BBC에서 코딩 교육용으로 개발한 오픈소스 하드웨어로, 쉽게 말하자면 누구나 쉽게 사용할 수 있는 자그마한 컴퓨터라고 할 수 있습니다. 마이크로비트에는 스마트폰처럼 빛 센서, 가속도 센서 등 다양한 센서가 들어 있어 소프트웨어와 하드웨어의 원리를 이해하기에 좋은 도구라고 생각합니다.

    조금은 이해하기 어려운 내용일 수는 있겠지만, 여러분이 교재 활동을 차근차근 학습하다 보면 자신도 모르는 사이에 향상된 실력을 발견할 수 있습니다.

    이 교재에서는 이처럼 다양한 기능을 가진 마이크로비트를 전 세계 학생들이 널리 사용하는 스크래치와 연결하여 교과 융합 문제를 해결하는 활동을 하게 됩니다. 나아가 스크래치 기반의 마인드 플러스(Mind+)로 메이커 활동도 경험해 볼 수 있습니다.

    마이크로비트를 연결하여 입출력 장치를 활용한 문제 해결 과정을 경험하다 보면 피지컬 컴퓨팅 장치를 활용하는 프로그래밍 기본 실력이 향상될 것입니다. 또한 흥미진진한 메이커 활동 과정을 통해 컴퓨팅 사고력을 보다 더 흥미롭고 창의적으로 향상시킬 수 있습니다.

    스크래치와 마이크로비트가 만나서 무엇을 만들어 낼지 궁금하지 않나요?

    지금부터 교재에 실린 12개의 교과 융합 문제 해결 활동을 시작해 봅시다.

블록 코딩 With 마이크로비트+인공지능 체험

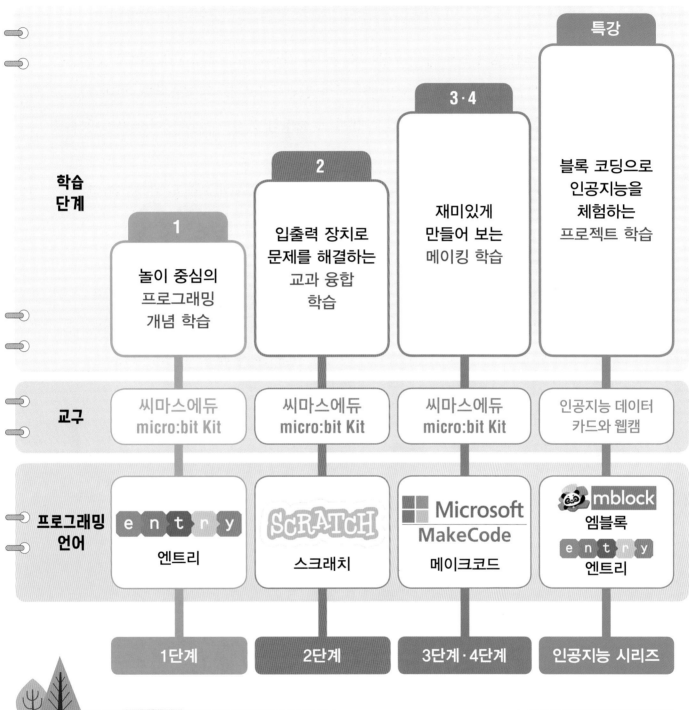

학습 단계	1 놀이 중심의 프로그래밍 개념 학습	2 입출력 장치로 문제를 해결하는 교과 융합 학습	3·4 재미있게 만들어 보는 메이킹 학습	특강 블록 코딩으로 인공지능을 체험하는 프로젝트 학습
교구	씨마스에듀 micro:bit Kit	씨마스에듀 micro:bit Kit	씨마스에듀 micro:bit Kit	인공지능 데이터 카드와 웹캠
프로그래밍 언어	entry 엔트리	SCRATCH 스크래치	Microsoft MakeCode 메이크코드	mblock 엠블록 / entry 엔트리
	1단계	2단계	3단계·4단계	인공지능 시리즈

이 책은 초중등학교 컴퓨터 교과 및 방과후 수업을 진행하시는 분들로 구성된 씨마스에듀코딩교육연구회 소속 선생님께서 집필하셨습니다. 그동안 쌓아두었던 콘텐츠 개발의 노하우와 현장 경험이 묻어 있는 이 책을 통해 여러분은 즐겁고 신나는 코딩의 세계를 경험해 보세요.

이 책의 활용법

활동 1 ~ 6은 스크래치 3.0을 사용하는 프로그래밍 활동으로,
활동 7 ~ 12는 스크래치 3.0 기반의 마인드 플러스(Mind+)를
사용하는 프로그래밍 활동으로 구성되어 있습니다.

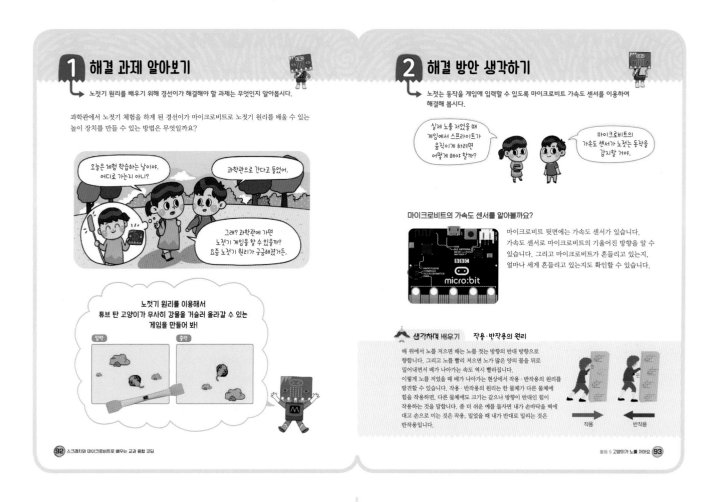

1 해결 과제 알아보기

이 활동에서 해결해야 할 과제가 무엇인지 알아보고, 입력과 출력을 통해 결과를 확인합니다.

2 해결 방안 생각하기

주어진 과제를 교과 지식을 바탕으로 해결할 방안을 찾는 단계입니다. 문제를 해결하기 위하여 사용할 장치의 쓰임과 사용법 또는 활용 사례 등을 학습합니다.

활동을 마친 뒤 '한 걸음 더'에서
인공지능 체험 활동이나
프로그램 응용 선택 활동을 해 보세요.

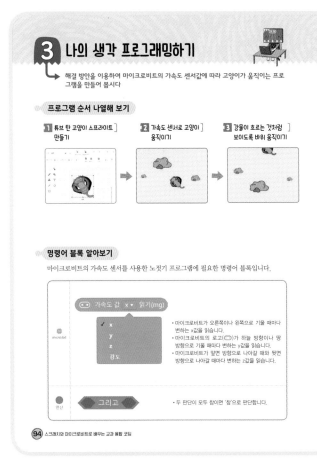

3 나의 생각 프로그래밍하기

해결 방안을 이용하여 마이크로비트의 가속도 센서값에 따라 고양이가 움직이는 프로그램을 만들어 봅시다

프로그램 순서 나열해 보기

1 튜브 탄 고양이 스프라이트 만들기 → **2** 가속도 센서로 고양이 움직이기 → **3** 강물이 흐르는 것처럼 보이도록 바위 움직이기

명령어 블록 알아보기

마이크로비트의 가속도 센서를 사용한 노젓기 프로그램에 필요한 명령어 블록입니다.

4 프로그램 실행하고 개선 방법 생각해 보기

실행이 잘되지 않았다면 Q&A 코너를 읽어본 후 해결해 봅시다.

---

3 나의 생각 프로그래밍하기

프로그램 순서를 나열해 보고, 그것에 맞는 새로운 블록에 대해 알아봅니다.
직접 코딩해 보면서 논리적인 사고를 키워 봅니다. 각 활동의 예제 주소는 공유되어 있습니다.

4 프로그램 실행하고 개선 방법 생각해 보기

학습한 대로 코딩했는데 잘 되지 않을 때가 있을 겁니다. 교재에 제시된 질문과 답변으로 문제점을 확인합니다.

이 책의 차례

이 교재는 프로그래밍 학습 요소와 피지컬 장치에 따라
융합 교과별 총 12개의 활동을 수록하였습니다.

활동에 사용하는
마이크로비트 활용 장치 및 융합 교과 소개

순서	활동명	장치	교과
1	구조 신호를 보내요	버튼	사회
2	받아쓰기 연습해요	LED 디스플레이	국어
3	움직이는 모자이크를 만들어요	기울기 센서	미술
4	점묘화를 그려요	기울기 센서	미술
5	내 오렌지는 내가 지켜요	핀	과학
6	오렌지를 먹지 마세요	핀	과학
7	야구 게임을 해요	빛 센서	체육
8	빛을 찾아 주세요	빛 센서	미술
9	고양이가 노를 저어요	가속도 센서	과학
10	낚시를 해요	가속도 센서	과학
11	짝짓기 게임을 해요	라디오, 버튼	수학
12	좋아하는 음식을 투표해요	라디오, 핀	수학

준비 학습을 해요

스크래치 3.0 기반에서 마이크로비트를
작동시키기 위한 준비 단계입니다.

크롬 브라우저를 실행한 뒤, 검색창에
'스크래치' 또는 'scratch.mit.edu'를
직접 입력하여 스크래치 사이트로
이동해 보세요.

스크래치 사이트로 이동한 다음,
스크래치 3.0을 다운받아
설치하세요.

 학습 목표

1. 스크래치 3.0의 화면 구성을 이해합니다.

2. 스크래치 3.0과 마이크로비트를 연결할 수 있습니다.

3. 스크래치 3.0 기반 마인드 플러스(Mind+)에 접속하여 마인드 플러스(Mind+)와
   마이크로비트를 연결할 수 있습니다.

시작해요! 스크래치와 마이크로비트

1 스크래치 3.0 사용하기

1. 화면 구성 알아보기

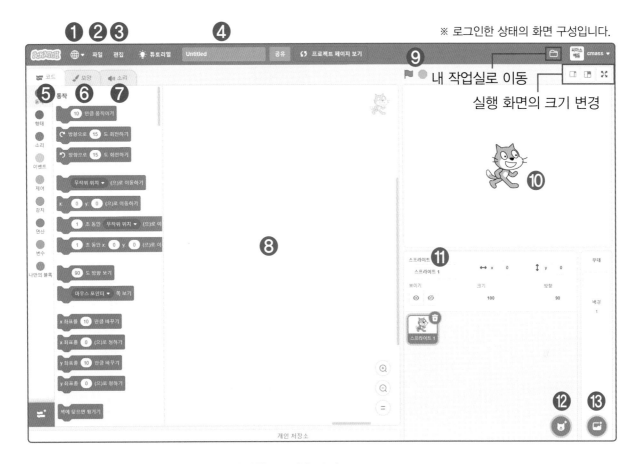

❶ 스크래치의 메뉴를 다른 언어로 변경할 수 있습니다.

❷ 프로젝트(파일)를 새로 만들기, 저장하기, 열기를 할 수 있습니다.

❸ 편집 메뉴로 되돌리기, 터보 모드(빠른 실행 속도)를 켜고 끌 수 있습니다.

❹ 프로젝트의 이름을 입력합니다.

❺ 스프라이트에 적용할 다양한 블록들이 들어 있는 곳입니다.

❻ 스프라이트의 다른 모양을 추가 또는 삭제할 수 있으며 새롭게 편집하거나 만들 수 있는 탭입니다.

❼ 스프라이트에 소리를 추가, 편집 및 변경할 수 있는 탭입니다.

❽ 블록을 쌓아 코드를 작성하는 창입니다.

❾ 프로젝트를 실행하고, 중지합니다.

❿ 추가한 스프라이트입니다.

⓫ 스프라이트의 속성을 변경할 수 있습니다.

⓬ 스프라이트 목록에서 스프라이트 고르기, 그리기, 컴퓨터에서 파일을 업로드할 수 있습니다.

⓭ 배경 목록에서 배경 고르기, 그리기, 컴퓨터에서 파일을 업로드할 수 있습니다.

2. 마이크로비트 연결하기

[요구 사항: 운영체제 Windows 10+]

❶ 마이크로비트를 연결한 뒤, ▣(확장 기능 추가)하기를 선택합니다.

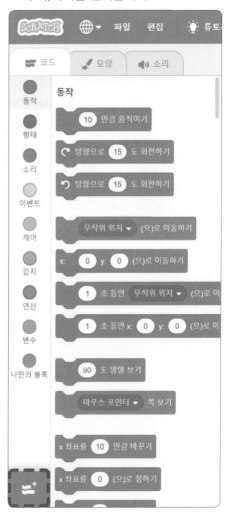

❷ micro:bit를 선택합니다.

❺ HEX 파일을 다운로드 한 뒤, MICROBIT 이동식 디스크 위치에 옮깁니다.

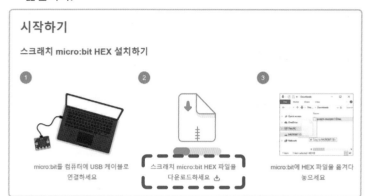

❹ Scratch Link 파일을 설치합니다.

http://scratch.mit.edu/microbit

❸ 마이크로비트와 스크래치 3.0을 처음 연결 할 때에는 도움말을 선택합니다.

❻ Bluetooth 및 기타 디바이스에서 Bluetooth 또는 기타 장치 추가를 누릅니다(데스크톱 컴퓨터에서는 블루투스 기능을 하는 동글(dongle)을 사용해야 합니다.).

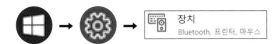

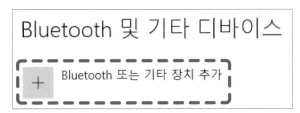

❼ Bluetooth를 선택합니다.

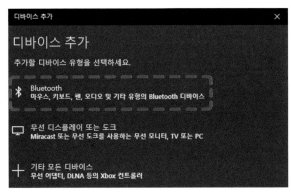

❽ BBC micro:bit를 선택합니다.

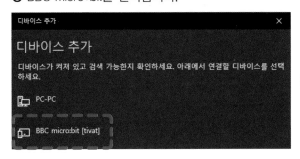

❿ 지금부터 마이크로비트 블록을 사용할 수 있습니다.

❿ 마이크로비트를 연결합니다.

❾ BBC micro:bit가 연결되면 완료를 누릅니다.

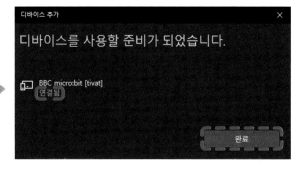

2 스크래치 3.0 기반 마인드 플러스(Mind+) 사용하기

마인드 플러스(Mind+)는 활동7~활동12에서 사용할 스크래치 3.0 기반 프로그램입니다.

1. 마인드 플러스(Mind+) 접속하기

❶ ⬡ (크롬) 브라우저를 실행한 뒤, 검색창에 'Mind+'라고 입력하여 검색된 사이트 이름을 클릭하거나, 주소 창에 'http://mindplus.cc/en.html'을 입력한 뒤, [Enter ↵] 키를 눌러 마인드 플러스(Mind+) 사이트에 접속합니다.

❷ [⬇ Download] 를 선택하여 오프라인으로 사용하거나 [⬡ Code Online] 을 선택하여 온라인에서 실시간으로 사용할 수 있습니다.

2. 마인드 플러스(Mind+) 다운로드 및 설치하기

❶ [⬇ Download] 를 눌러 나타난 다음 화면에서 [Download] 를 눌러 설치 파일을 저장한 뒤, 프로그램을 설치합니다.

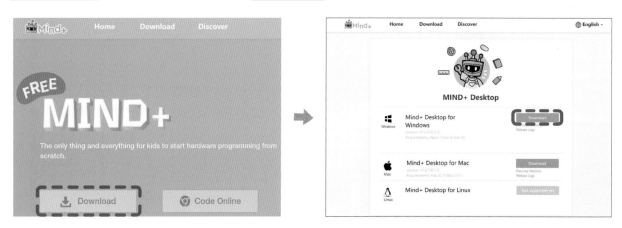

❷ 프로그램을 설치한 뒤, 컴퓨터 바탕 화면에 나타난 🤖 아이콘을 눌러 프로그램을 실행합니다.

3. 마인드 플러스(Mind+) 온라인에서 실시간으로 마이크로비트 연결하기

❶ 아래 화면에서 ⬡ Code Online 을 선택하면 실시간으로 사용하는 온라인 화면이 나타납니다. 이 교재에서는 스크래 치 3.0과 동일한 환경에서 프로그래밍하도록 실시간으로만 사용합니다. ⬡(환경설정)을 눌러 '한국어'를 선택합니다.

❷ 마이크로비트를 연결한 뒤, 🔲(확장)을 선택합니다. 블록 색이 스크래치 3.0과 다르지만 기능은 모두 같습 니다.

❸ 메인보드 를 선택한 뒤, micro:bit를 선택하면 micro:bit 블록이 생깁니다.

❹ 장치 연결하기 ▼ ─ Mind + Link 다시 검색 을 선택합니다.

❺ OS 환경에 맞는 드라이버를 다운로드합니다.

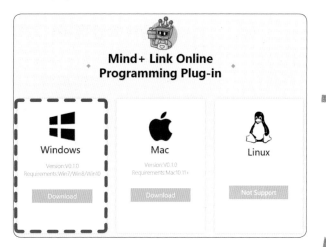

❻ OS 환경에 맞는 드라이버를 다운로드합니다.

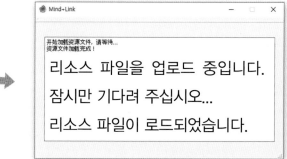

리소스 파일을 업로드 중입니다.

잠시만 기다려 주십시오...

리소스 파일이 로드되었습니다.

❼ 장치 연결하기 ▼ 를 클릭하여 현재 컴퓨터와 연결되어 있는 포트를 확인한 뒤 선택합니다.

장치 연결하기 ▼   new-project-110192

장치 연결하기

COM8-Microbit

장치 관리자 열기

시리어 포트 드라이버 원 클릭 설치

Restore device initial settings

❽ 장치가 연결되면 전자 나침반을 조정하라는 메시지가 나타납니다.

● 공지사항

micro:bit 을 한 바퀴 돌려 전자 나침반을 조정하십시오.

데모 실행하기

나침반 조정 과정

① 마이크로비트 정가운데 LED가 깜빡거립니다.

② 마이크로비트를 기울여 가면서 모든 LED에 불이 들어오게 합니다.

③ 모든 LED에 불이 들어오면 연결 완료!

활동 1

구조 신호를 보내요

친구가 길을 잃었어요.
어떻게 하면 친구가 슬기롭게
구조 요청을 할 수 있을까요?

마이크로비트의 버튼으로
해결할 수 있습니다!

학습 목표

1 버튼 센서의 쓰임을 압니다.

2 버튼으로 신호를 나타내는 활동을 할 수 있습니다.

준비물

마이크로비트

USB 케이블

해결 과제 알아보기

산속에서 길을 잃은 성식이가 길을 찾기 위해 해결해야 할 과제는 무엇인지 알아봅시다.

성식이가 산속에서 길을 잃었어요. 구조 요청을 하려고 보니 주머니 속에 마이크로비트가 있네요. 마이크로비트를 활용하여 구조 요청을 할 수 있을까요?

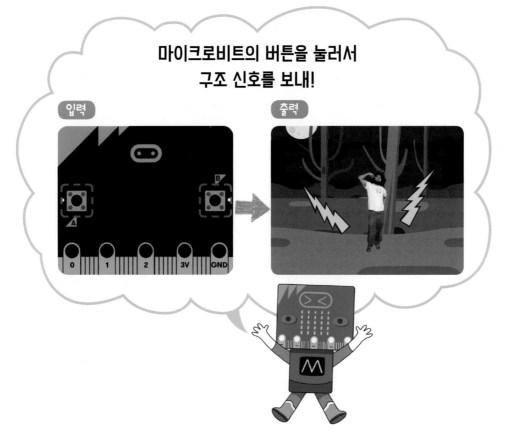

2 해결 방안 생각하기

주변 사람들에게 쉽고 간단하게 구조 신호를 전달할 수 있도록 마이크로비트의 버튼을 이용하여 해결해 봅시다.

> 마이크로비트의 버튼을 눌러 신호를 보내 보자.

> 각 신호의 의미도 정해 보자.

마이크로비트의 버튼은 어디 있을까요?

마이크로비트 앞면에 A와 B, 두 개의 버튼이 있습니다. 마이크로비트에서는 어떤 상황이나 조건을 만족했을 때 명령을 실행하게 할 수 있습니다. 프로그램에서는 어떤 버튼이 눌러졌는지 확인하고, 버튼이 눌러졌을 때 원하는 명령을 실행합니다. 이를 이용하여 A버튼과 B 버튼으로 모스 부호처럼 짧은 신호와 긴 신호를 조합하여 메시지를 전달합니다.

 생각하며 배우기 　모스 부호

조선 시대에는 높은 산에 있는 봉수대에서 봉화에 불을 피우거나 피우지 않는 두 가지 방식으로 위급한 소식을 전달하였습니다. 이 사례와 비슷한 통신 수단으로 모스 부호가 있습니다. 모스 부호는 짧은 소리와 긴 소리인 두 가지 신호를 조합하여 알파벳이나 숫자 메시지를 전달할 수 있는 비상 통신 수단입니다.

● (짧은 소리)　　　　　— (긴 소리)
예 SOS(조난 신호)

S	O	S
●●●	─ ─ ─	●●●

봉수의 신호 체계

3 나의 생각 프로그래밍하기

해결 방안을 이용하여 구조 신호를 보내는 프로그램을 만들어 봅시다.

프로그램 순서 나열해 보기

1 LED 화면 초기화 및 이야기 만들기

2 버튼 누르기

짧은 소리

긴 소리

3 신호 전달 나타내기

구조 신호를 보내자!

명령어 블록 알아보기

버튼을 눌러 명령을 실행하는 프로그램에 필요한 명령어 블록입니다.

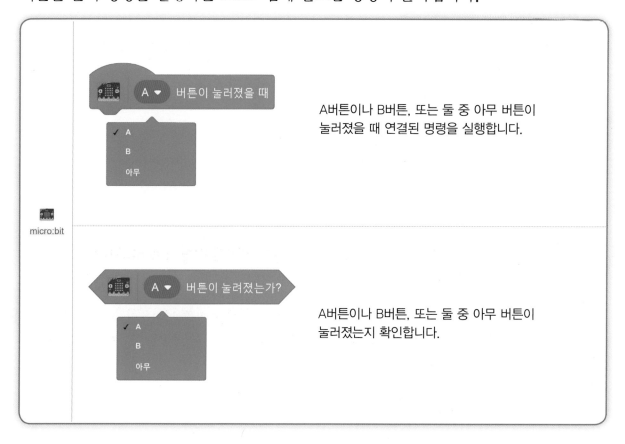

micro:bit

A버튼이나 B버튼, 또는 둘 중 아무 버튼이 눌러졌을 때 연결된 명령을 실행합니다.

A버튼이나 B버튼, 또는 둘 중 아무 버튼이 눌러졌는지 확인합니다.

1 LED 화면 초기화 및 이야기 만들기

≫ 준비 하기

❶ (배경 고르기)– 판타지 – 'Woods'를 추가합니다.

❷ (스프라이트 고르기)– 사람들 – 'Dan'을 추가합니다.

❸ (확장 기능 추가하기)– (micro:bit)를 선택합니다.

≫ 프로그래밍 하기

마이크로비트의 LED 디스플레이에 아무것도 출력되지 않도록 합니다.

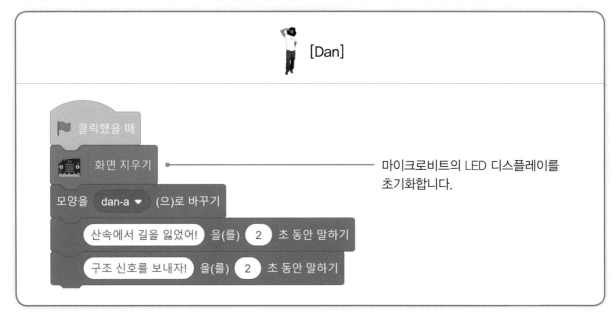

[Dan]

▶ 클릭했을 때

화면 지우기 ——————— 마이크로비트의 LED 디스플레이를
초기화합니다.

모양을 dan-a ▼ (으)로 바꾸기

산속에서 길을 잃었어! 을(를) 2 초 동안 말하기

구조 신호를 보내자! 을(를) 2 초 동안 말하기

선생님 도와주세요 LED 디스플레이에 출력되는 아이콘은 어떻게 만들어야 하나요?

보여주기 블록을 클릭하면 아이콘을 만들 수 있는 5×5 LED 창이 나와요. 이 창의 사각형 모양을 클릭하면 LED가 켜지거나 꺼져요. 원하는 위치를 클릭하여 아이콘을 완성해 보세요.

2 버튼 누르기

>> 준비하기

❶ 🔊 소리 메뉴를 선택하고, 🔊 (소리 고르기)– 타악기 – 🔊 'Small Cowbell'과
🔊 'Hi Tun Tabla'를 추가합니다.

❷ 'Small Cowbell' 의 소리 이름을 '단음'으로, 'Hi Tun Tabla'의 소리 이름을
'장음'으로 변경합니다.

>> 프로그래밍하기

A버튼과 B버튼을 누르면 LED 디스플레이에 각각의 아이콘을 보여 주고, '단음'과 '장음'
을 재생합니다.

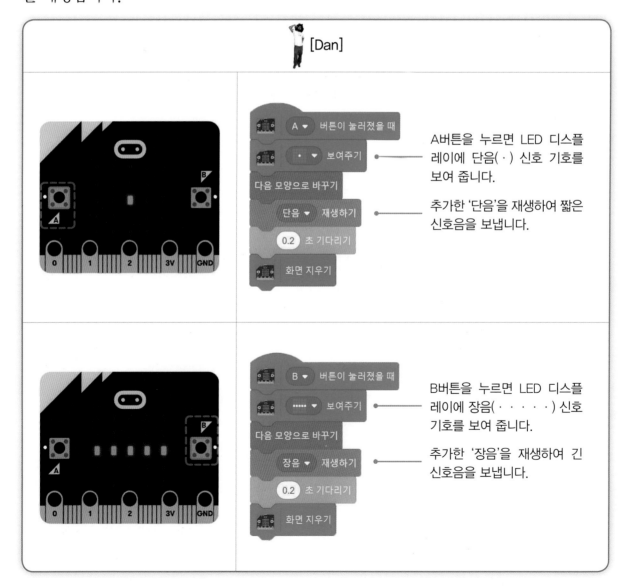

[Dan]

A버튼을 누르면 LED 디스플레이에 단음(·) 신호 기호를 보여 줍니다.

추가한 '단음'을 재생하여 짧은 신호음을 보냅니다.

B버튼을 누르면 LED 디스플레이에 장음(· · · · ·) 신호 기호를 보여 줍니다.

추가한 '장음'을 재생하여 긴 신호음을 보냅니다.

3 신호 전달 나타내기

>> 준비 하기

❶ (스프라이트 고르기)- 판타지 - ⚡ 'Lightning'을 추가합니다.

❷ 'Lightning'을 선택하고, 🖌️ 모양 을 누른 뒤 회전시켜 (🔄) 방향을 변경합니다.

❸ 'Lightning'을 복사한 뒤 이름을 'Lightning2'로 바꾸고, ⚡ 을 회전시켜 방향을 변경합니다.

>> 프로그래밍 하기

신호가 전달되는 모습을 나타냅니다.

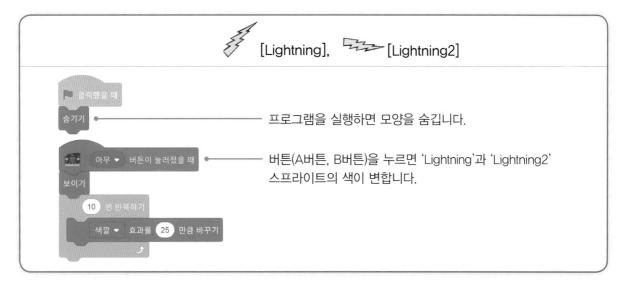

프로그램을 실행하면 모양을 숨깁니다.

버튼(A버튼, B버튼)을 누르면 'Lightning'과 'Lightning2' 스프라이트의 색이 변합니다.

4 프로그램 실행하고 개선 방법 생각해 보기

실행이 잘되지 않는다면 Q&A 코너를 읽어본 후 해결해 봅시다.

 소리 신호로 들으니 메시지를 이해하기 어려워요.
소리 신호를 문자로 보여 줄 수는 없나요?

리스트를 이용하여 문자로 보여 줄 수 있어요!

한 걸음 더

이 활동은 학습 시간이 남은 학생이거나 가정에서 별도 학습을 하고자 하는 학생들을 위한 공간입니다.

▶ 모스 부호 신호를 듣고 어떤 의미인지 알 수 있나요? 모스 부호를 음성으로 안내해 주는 프로그램을 살펴봅시다.

Morse Text To Speech

Morse Text To Speech 앱은 입력한 모스 부호를 음성으로 안내해 주는 앱입니다. 이 프로그램은 구글 머신 러닝 기반의 Text-to-Speech* API와 Deep Mind*의 인공지능 기술을 이용합니다.

* Text-to-speech: 텍스트를 자연스러운 음성으로 변환
* Deep Mind: 영국의 인공지능(AI) 프로그램 개발 회사

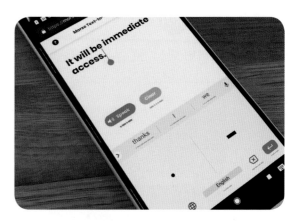

※Android에서만 사용할 수 있습니다.

사용 방법

❶ https://experiments.withgoogle.com/collection/ai에 접속합니다.
❷ [Search]-'Morse'를 검색하고, Morse+WaveNet Starter Code를 선택합니다.
❸ [LAUNCH EXPERIMENT]를 선택하고 체험합니다.

받아쓰기를 연습하고 싶은 친구를 도와줄 방법은 없을까요?

활동 2

받아쓰기 연습해요

마이크로비트의 LED 디스플레이로 해결할 수 있습니다!

학습 목표

1 LED 디스플레이의 쓰임을 압니다.

2 LED 디스플레이를 활용하여 정답을 확인하는 활동을 할 수 있습니다.

준비물

마이크로비트

USB 케이블

해결 과제 알아보기

태환이가 받아쓰기 시험을 잘 보기 위해 해결해야 할 과제는
무엇인지 알아봅시다.

국어 수업 시간에 있었던 받아쓰기 시험 성적을 본 태환이의 얼굴 표정이 어두워요.
태환이의 걱정을 덜어 줄 수 있는 방법을 찾아볼까요?

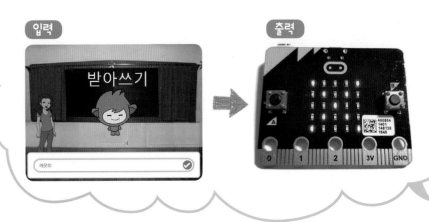

2 해결 방안 생각하기

다른 사람이 낱말을 읽어 주지 않아도 스스로 받아쓰기 공부를 할 수 있도록 LED 디스플레이와 텍스트 음성 변환을 이용하여 해결해 봅시다.

스크래치의 텍스트 음성 변환 기능을 사용해 받아쓰기 프로그램을 만들어 보자.

좋아. LED 디스플레이를 이용해 정답과 오답도 확인해 보자.

텍스트 음성 변환(TTS)
프로젝트가 말을 하도록 만들어 보세요.
스크래치의 텍스트 음성 변환(TTS) 기능

마이크로비트의 LED 디스플레이는 어디 있을까요?

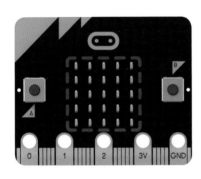

마이크로비트 앞면에는 25개의 LED가 있습니다.
이것을 LED 디스플레이라고 합니다.
LED 디스플레이에 영문자, 숫자, 그림 등을 출력할 수 있는데, 글자 수가 한 글자보다 많으면 오른쪽에서 왼쪽 방향으로 한 글자씩 이동하면서 출력됩니다.
글자는 영어만 출력할 수 있습니다.

 생각하며 배우기   틀리기 쉬운 글자나 표현

우리가 일상생활에서 쓰는 말 중에서 틀리기 쉬운 글자나 표현을 알아봅시다.

틀린 말	맞는 말	틀린 말	맞는 말	틀린 말	맞는 말
안 되	안 돼	일부로	일부러	오랫만에	오랜만에
금새	금세	실증	싫증	궁시렁거리다	구시렁거리다
왠만하면	웬만하면	설겆이	설거지	깨끗히	깨끗이
설레임	설렘	일일히	일일이	구지	굳이

3 나의 생각 프로그래밍하기

해결 방안을 이용하여 받아쓰기 연습 프로그램을 만들어 봅시다.

프로그램 순서 나열해 보기

1 '문제' 리스트 만들기	2 받아쓰기 하기	3 결과 출력하기
문제 1 바람개비 2 꽃밭 3 깨끗이 + 길이 3 =	받아쓰기 시험 준비하기 + 받아쓰기 문제 출제하기	정답일 때 결과

명령어 블록 알아보기

받아쓰기 연습 프로그램에 필요한 명령어 블록입니다.

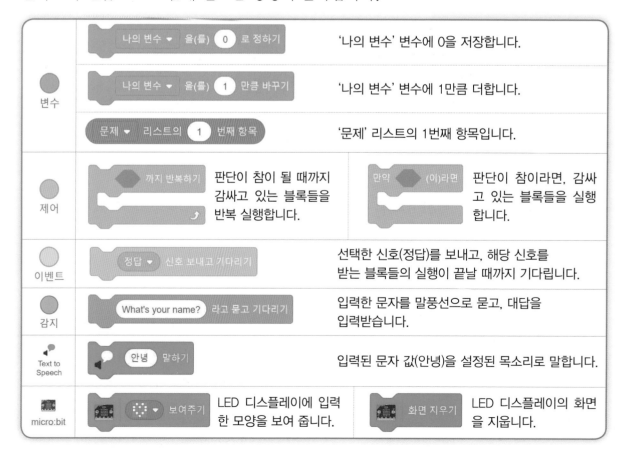

변수	나의 변수 ▾ 을(를) 0 로 정하기	'나의 변수' 변수에 0을 저장합니다.
	나의 변수 ▾ 을(를) 1 만큼 바꾸기	'나의 변수' 변수에 1만큼 더합니다.
	문제 ▾ 리스트의 1 번째 항목	'문제' 리스트의 1번째 항목입니다.
제어	◆ 까지 반복하기	판단이 참이 될 때까지 감싸고 있는 블록들을 반복 실행합니다.
	만약 ◆ (이)라면	판단이 참이라면, 감싸고 있는 블록들을 실행합니다.
이벤트	정답 ▾ 신호 보내고 기다리기	선택한 신호(정답)를 보내고, 해당 신호를 받는 블록들의 실행이 끝날 때까지 기다립니다.
감지	What's your name? 라고 묻고 기다리기	입력한 문자를 말풍선으로 묻고, 대답을 입력받습니다.
Text to Speech	안녕 말하기	입력된 문자 값(안녕)을 설정된 목소리로 말합니다.
micro:bit	▦ ▾ 보여주기	LED 디스플레이에 입력한 모양을 보여 줍니다.
	화면 지우기	LED 디스플레이의 화면을 지웁니다.

차근차근 프로그래밍하기 — 예제 주소 https://bit.ly/2DHIVq1

1 '문제' 리스트 만들기

≫ 준비 하기

❶ (배경 고르기)−실내−'Chalkboard'를 추가합니다.

❷ 무대에서 'Chalkboard'를 선택하고, ✏ 배경 을 누르고 백터로 바꾸기 를 눌러 비트맵으로 바꾸기 로 바꿉니다.

❸ (채우기 색)을 흰색 (색상: 50, 채도: 0, 명도: 100)으로 바꾸고 T 를 눌러 배경에 '받아쓰기'라 고 씁니다. (선택)을 눌러 받아쓰기 글자 박스 의 크기와 위치를 조절합 니다.

❹ 변수 − 리스트 만들기 를 눌러 '문제' 리스트를 만들고, 화면에 보이지 않도록 체크 박스를 해제합니다.

≫ 프로그래밍 하기

받아쓰기 시험에 필요한 문제를 '문제' 리스트에 추가합니다.

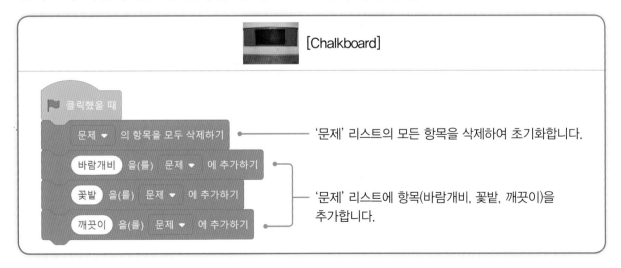

[Chalkboard]

클릭했을 때

문제 ▼ 의 항목을 모두 삭제하기 ————— '문제' 리스트의 모든 항목을 삭제하여 초기화합니다.

바람개비 을(를) 문제 ▼ 에 추가하기

꽃밭 을(를) 문제 ▼ 에 추가하기 ————— '문제' 리스트에 항목(바람개비, 꽃밭, 깨끗이)을 추가합니다.

깨끗이 을(를) 문제 ▼ 에 추가하기

2 받아쓰기 하기

≫ 준비 하기

❶ 🐻(스프라이트 고르기)– 사람들 – ▮(Abby),

   🐻(스프라이트 고르기)– 판타지 – 🐵(Nano)를 추가합니다.

❷ 🐵(Nano)– 🖌 모양 –'nano b' 모양은 삭제하고, 모양 이름을 'nano a'→'보통',
'nano c'→'기쁨', 'nano d'→'화남'으로 변경합니다.

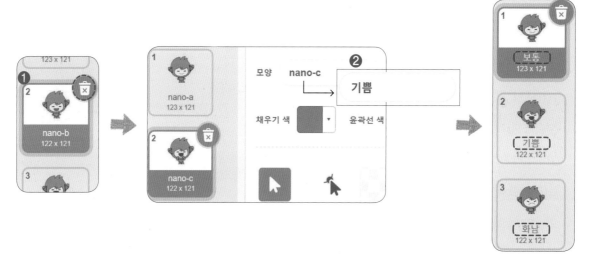

❸ ⚫– 변수 만들기 를 선택한 뒤 '순번', '점수' 변수를 만들고, 화면에 보이지 않도록
체크 박스를 해제합니다.

❹ 📺(확장 기능 추가하기)– 🤖(텍스트 음성 변환(TTS))을 선택하여

   Text to Speech (Text-to-speech) 블록을 추가합니다.

❺ ⚪ 메시지1 ▼ 신호를받았을때 –'새로운 메시지'를 선택하고 '정답', '오답' 메시지를 만듭니다.

≫ 프로그래밍 하기

문제를 내기 위해 필요한 변수의 초깃값을 설정하고 받아쓰기 시험 준비를 알립니다. '문제' 리스트에 저장된 항목을 음성 변환하고 소리로 출력하면 사용자의 대답이 리스트의 항목과 일치하는지 판단하여 'nano' 스프라이트로 신호를 보냅니다.

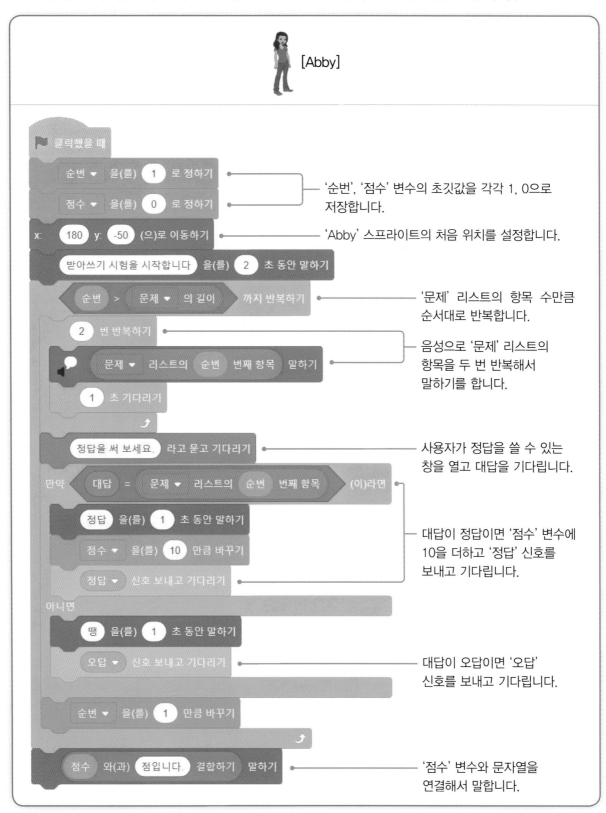

[Abby]

▶ 클릭했을 때

순번 ▼ 을(를) 1 로 정하기
점수 ▼ 을(를) 0 로 정하기 ──── '순번', '점수' 변수의 초깃값을 각각 1, 0으로 저장합니다.

x: 180 y: -50 (으)로 이동하기 ──── 'Abby' 스프라이트의 처음 위치를 설정합니다.

받아쓰기 시험을 시작합니다 을(를) 2 초 동안 말하기

순번 > 문제 ▼ 의 길이 까지 반복하기 ──── '문제' 리스트의 항목 수만큼 순서대로 반복합니다.

2 번 반복하기 ──── 음성으로 '문제' 리스트의 항목을 두 번 반복해서 말하기를 합니다.
💬 문제 ▼ 리스트의 순번 번째 항목 말하기
1 초 기다리기

정답을 써 보세요. 라고 묻고 기다리기 ──── 사용자가 정답을 쓸 수 있는 창을 열고 대답을 기다립니다.

만약 대답 = 문제 ▼ 리스트의 순번 번째 항목 (이)라면
정답 을(를) 1 초 동안 말하기
점수 ▼ 을(를) 10 만큼 바꾸기 ──── 대답이 정답이면 '점수' 변수에 10을 더하고 '정답' 신호를 보내고 기다립니다.
정답 ▼ 신호 보내고 기다리기

아니면
땡 을(를) 1 초 동안 말하기
오답 ▼ 신호 보내고 기다리기 ──── 대답이 오답이면 '오답' 신호를 보내고 기다립니다.

순번 ▼ 을(를) 1 만큼 바꾸기

점수 와(과) 점입니다. 결합하기 말하기 ──── '점수' 변수와 문자열을 연결해서 말합니다.

13 결과 출력하기

≫ 준비하기

❶  (확장 기능 추가하기)– (micro:bit)를 선택합니다.

❷ 스크래치와 마이크로비트를 연결하는 방법은 10~11쪽에서 확인하세요.

≫ 프로그래밍하기

'정답', '오답' 신호를 받았을 때 'Nano' 스프라이트와 마이크로비트의 LED 디스플레이로
결과를 보여 줍니다.

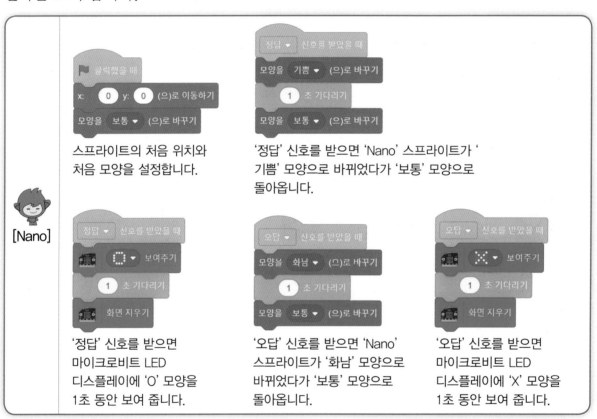

[Nano]

스프라이트의 처음 위치와
처음 모양을 설정합니다.

'정답' 신호를 받으면 'Nano' 스프라이트가 '
기쁨' 모양으로 바뀌었다가 '보통' 모양으로
돌아옵니다.

'정답' 신호를 받으면
마이크로비트 LED
디스플레이에 'O' 모양을
1초 동안 보여 줍니다.

'오답' 신호를 받으면 'Nano'
스프라이트가 '화남' 모양으로
바뀌었다가 '보통' 모양으로
돌아옵니다.

'오답' 신호를 받으면
마이크로비트 LED
디스플레이에 'X' 모양을
1초 동안 보여 줍니다.

선생님 도와주세요 | 마이크로비트 LED 디스플레이에 다른 모양을 출력하고 싶어요.

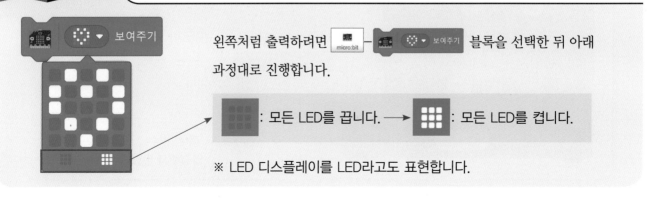

왼쪽처럼 출력하려면 [micro:bit] – [보여주기] 블록을 선택한 뒤 아래
과정대로 진행합니다.

: 모든 LED를 끕니다. → : 모든 LED를 켭니다.

※ LED 디스플레이를 LED라고도 표현합니다.

4 프로그램 실행하고 개선 방법 생각해 보기

 실행이 잘되지 않는다면 **Q&A** 코너를 읽어본 후 해결해 봅시다.

프로그램을 한 번 실행하고 종료했다가 다시 실행했는데 점수가 너무 많이 나왔어요.

'Abby' 스프라이트에서 녹색 깃발을 클릭했을 때 '점수' 변수를 0으로 정하기를 추가했는지 확인해 보세요.

 받아쓰기 문제를 한꺼번에 추가할 수 있는 방법은 없나요?

배경에서 '문제' 리스트 항목을 추가하는 코드를 모두 삭제하고, 메모장에 문제를 입력하고 텍스트 파일로 저장하세요.
☑ 문제 → 무대의 리스트 창을 마우스 오른쪽 버튼 클릭 → 가져오기 → 텍스트 파일을 선택하면 추가할 수 있어요.

 내가 틀린 문제만 따로 저장해서 보고 싶어요.

'틀린 문제' 리스트를 하나 더 만들어 다음 블록을 추가해 보세요.

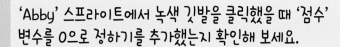

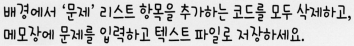

이 활동은 학습 시간이 남은 학생이거나 가정에서 별도 학습을 하고자 하는 학생들을 위한 공간입니다.

▶ 유명 연예인이 받아쓰기 문제를 읽어 준다면 재미있게 공부할 수 있을 것 같지 않나요? 글은 똑같은 문장이라도 말하는 사람의 감정에 따라 전혀 다른 느낌으로 전달됩니다. 어색하고 자연스럽지 못한 목소리가 아닌, 사람처럼 자연스러운 인공지능 목소리를 체험해 봅시다.

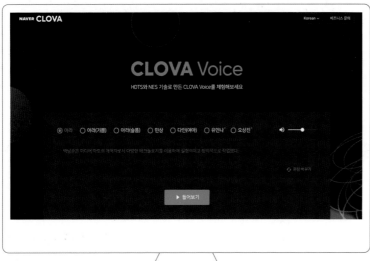

▲ PC 화면

▲ 스마트폰 화면

위 사이트에서 기쁨과 슬픔 등 사람의 감정을 담은 인공지능의 목소리를 들어 볼 수 있습니다. 또한 문장을 입력하면 유명인이 가진 특유의 목소리 톤으로 읽어 줍니다.

사용 방법

❶ 인터넷 검색창에 '클로바 보이스' 또는 주소 입력 창에 'https://clova.ai/voice'를 입력해서 해당 사이트로 이동합니다.

❷ 제공하는 다양한 목소리와 문장을 선택하고 '들어보기' 버튼을 눌러 목소리를 듣습니다.

모자이크 기법으로 그린 꽃을
마치 바람에 살랑살랑 움직이는
것처럼 표현하고 싶어요.
좋은 방법이 없을까요?

활동 3

움직이는 모자이크를 만들어요

마이크로비트의 기울기 센서로
해결할 수 있습니다!

학습 목표

❶ 기울기 센서의 쓰임을 말할 수 있습니다.

❷ 기울기 센서로 그림이 재미있게 움직이는 활동을
할 수 있습니다.

준비물

마이크로비트

USB 케이블

해결 과제 알아보기

모자이크 그림이 살아 움직이는 것처럼 보이기 위해 해결해야 할 과제는
무엇인지 알아봅시다.

태환이와 성식이가 색종이로 모자이크 그림을 만들고 있어요. 그런데 모자이크
그림을 움직이고 싶어 해요. 어떻게 해결해야 할까요?

마이크로비트의 기울기 센서로
움직이는 모자이크 그림 프로그램을 만들어 봐!

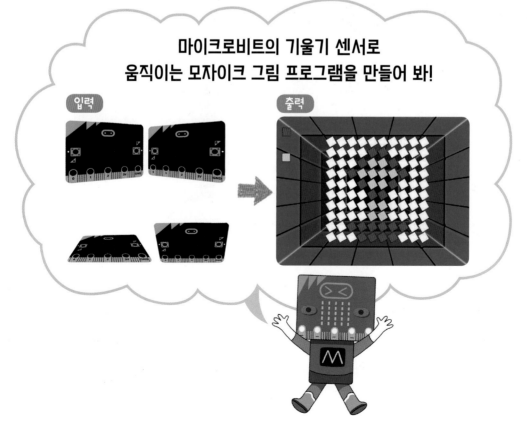

2 해결 방안 생각하기

모자이크 그림을 움직일 수 있도록 마이크로비트의 기울기 센서를 이용하여
해결해 봅시다.

 기울기 센서를 이용해서
마이크로비트를 좌우로 움직일
때마다 색종이 조각을
회전시켜 보자.

 모자이크에 필요한
여러 가지 색의 색종이 조각은
복제 기능을 이용해 필요한
만큼 만들 수 있어.

마이크로비트의 기울어진 방향을 어떻게 알 수 있나요?

오른쪽으로 기울임	왼쪽으로 기울임	앞으로 기울임	뒤로 기울임
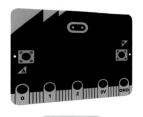	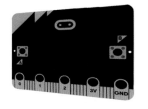		
X축 > 0	X축 < 0	Y축 > 0	Y축 < 0
0보다 크다	0보다 작다	0보다 크다	0보다 작다

 생각하며 배우기 　 **색의 3속성**

색의 3가지 속성을 기준으로 색을 보다 정확하게 지정할 수 있습니다.

- **색상(Color):** 빨강, 노랑, 초록, 파랑 등 어떤 색과 다른 색을 구별하는 고유한 속성입니다.
- **채도(Saturation):** 색의 순수하고 선명한 정도를 말합니다. 어떤 색도 섞이지 않은 순수한 색은 '채도'가 높다고 말합니다. 채도가 높으면 선명하게 보이고, 채도가 낮으면 탁하게 보입니다.
- **명도, 밝기(Brightness):** 색의 밝고 어두운 정도를 말하며, 어두운색인 검은색을 0으로 시작해서 밝은 색인 흰색에 이르는 11단계로 표시합니다.

3 나의 생각 프로그래밍하기

해결 방안을 이용하여 움직이는 모자이크 그림 프로그램을 만들어 봅시다.

프로그램 순서 나열해 보기

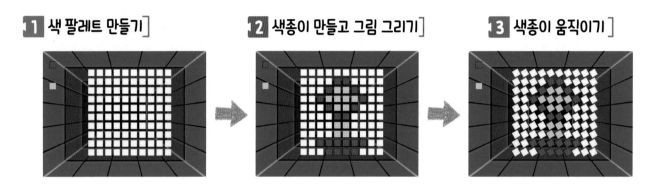

1 색 팔레트 만들기 ➡ **2** 색종이 만들고 그림 그리기 ➡ **3** 색종이 움직이기

명령어 블록 알아보기

기울기 센서를 사용한 모자이크 그림 프로그램에 필요한 명령어 블록입니다.

동작	↺ 방향으로 15 도 회전하기	왼쪽(반시계) 방향으로 입력한 각도(15도)로 회전합니다.
형태	색깔 ▾ 효과를 0 (으)로 정하기	'색깔' 효과에 수를 입력하여 색을 정합니다.
	그래픽 효과 지우기	스프라이트에 적용된 그래픽 효과를 지웁니다.
이벤트	모두 보이기 ▾ 신호 보내기	선택한 신호(모두 보이기)를 보냅니다.
제어	만약 ⬡ (이)라면	만일 판단 블록이 참이면 감싸고 있는 블록을 실행합니다.	나 자신 ▾ 복제하기	선택한 스프라이트(나 자신)를 복제합니다.
연산	⬡ = ⬡	왼쪽, 오른쪽 두 값이 같으면 '참'을 나타냅니다.	⬡ < ⬡	왼쪽 값이 오른쪽 값보다 작으면 '참'을 나타냅니다.
변수	나의 변수 ▾ 을(를) 0 로 정하기	'나의 변수' 변수에 0을 저장합니다. (초기화합니다.)
micro:bit	왼쪽 ▾ 방향으로 기울어졌을 때	마이크로비트가 앞, 뒤, 왼쪽, 오른쪽, 아무 방향 중 선택된 방향으로 기울어졌을 때 실행됩니다.
	앞쪽 ▾ 방향으로 기울어진 각도	마이크로비트의 앞, 뒤, 왼쪽, 오른쪽, 아무 방향으로 기울어진 각도를 나타냅니다.

1 색 팔레트 만들기

≫ 준비하기

색종이

❶ (스프라이트 고르기)– (그리기)–스프라이트 이름을 '색종이'로 변경합니다.

❷ (채우기 색–흰색(색상: 0, 채도: 0, 명도: 100))– (직사각형)을 선택하여 정사각형(20×20)을 그리고, 모양 이름을 '비어있는'으로 변경합니다.(Shift 키를 누른 상태에서 마우스를 움직여 그리면 정사각형이 됩니다. 크기는 모양의 숫자 크기를 확인하면서 20×20으로 맞춥니다.)

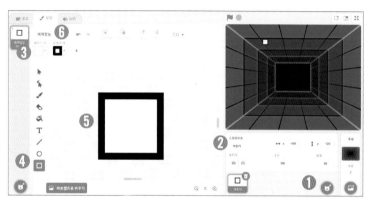

❸ '비어있는' 모양을 복사하여 모양을 추가하고, 모양 이름을 '색칠'로 변경합니다.

❹ (채우기 색–빨간색(색상: 0, 채도: 100, 명도: 100))– (채우기 색)을 선택하고 정사각형을 누르면 빨간색으로 채워집니다.

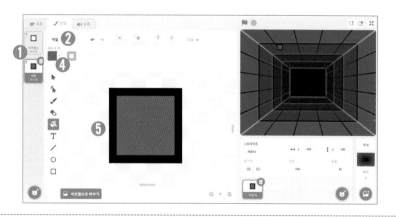

배경

❺ (배경 고르기)– 우주 – 'Neon Tunnel'을 추가합니다.

신호

❻ 이벤트 – 메시지1 ▾ 신호를 받았을 때 –'새로운 메시지'를 선택하고 '모두지우기', '모두보이기' 메시지를 만듭니다.

'색종이' 스프라이트를 가로, 세로 각각 10개씩 복제하여 배열하고 색상 팔레트를
구성합니다.

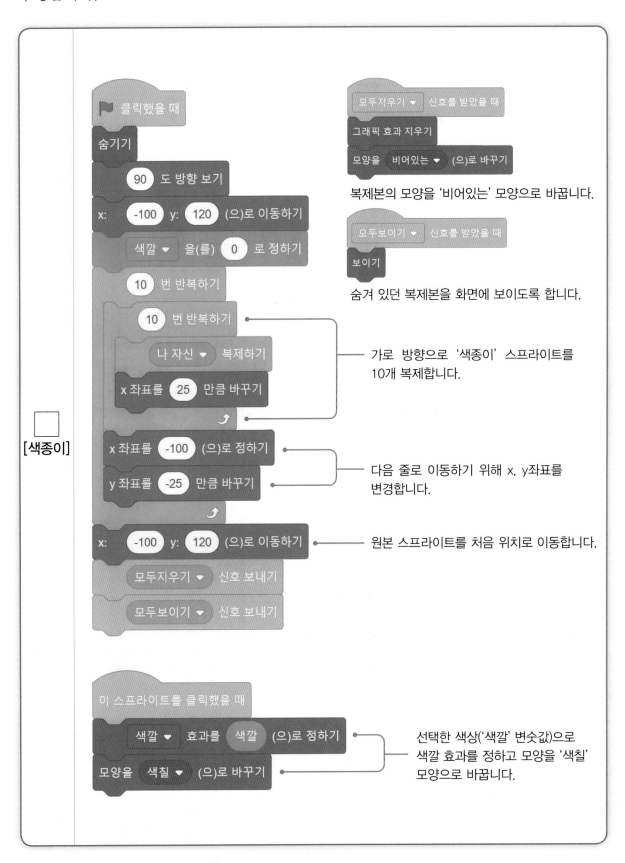

[색종이]

복제본의 모양을 '비어있는' 모양으로 바꿉니다.

숨겨 있던 복제본을 화면에 보이도록 합니다.

가로 방향으로 '색종이' 스프라이트를
10개 복제합니다.

다음 줄로 이동하기 위해 x, y좌표를
변경합니다.

원본 스프라이트를 처음 위치로 이동합니다.

선택한 색상('색깔' 변숫값)으로
색깔 효과를 정하고 모양을 '색칠'
모양으로 바꿉니다.

색종이 만들고 그림 그리기

>> 준비 하기

❶ 스프라이트 목록–'색종이' 스프라이트 두 번 복사–스프라이트 이름을 '빨간색', '노란색'으로 변경합니다.

❷ '빨간색', '노란색' 스프라이트– 🖌 모양 –'비어있는' 모양을 삭제하고 '색칠' 모양만 남깁니다.

❸ ⬤ 변수 – ⬚ 변수 만들기 ⬚ 를 선택한 뒤 앞으로 이동, 'Red선택', 'Yellow선택' 변수를 만들고 화면에 보이지 않도록 체크 박스를 해제합니다.

>> 프로그래밍 하기

색 팔레트에서 색을 선택하고, 색종이를 클릭해서 그림을 그립니다.

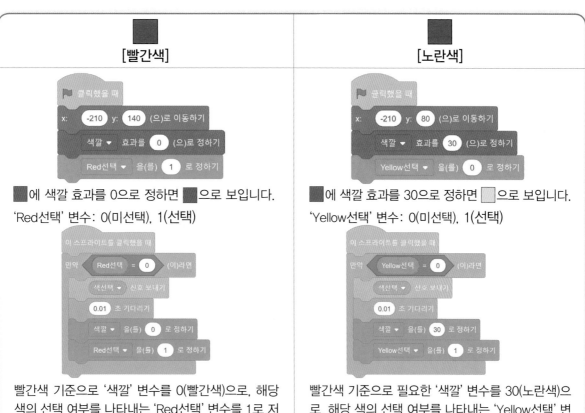

[빨간색]	[노란색]
■에 색깔 효과를 0으로 정하면 ■으로 보입니다. 'Red선택' 변수: 0(미선택), 1(선택)	■에 색깔 효과를 30으로 정하면 ▢으로 보입니다. 'Yellow선택' 변수: 0(미선택), 1(선택)
빨간색 기준으로 '색깔' 변수를 0(빨간색)으로, 해당 색의 선택 여부를 나타내는 'Red선택' 변수를 1로 저장합니다.	빨간색 기준으로 필요한 '색깔' 변수를 30(노란색)으로, 해당 색의 선택 여부를 나타내는 'Yellow선택' 변수를 1로 저장합니다.
'색선택' 신호를 받았을 때 'Red선택' 변수를 0으로 저장하여 해당 색의 선택을 해제합니다.	'색선택' 신호를 받았을 때 'Yellow선택' 변수를 0으로 저장하여 해당 색의 선택을 해제합니다.

3 색종이 움직이기

❶ (확장 기능 추가하기)- 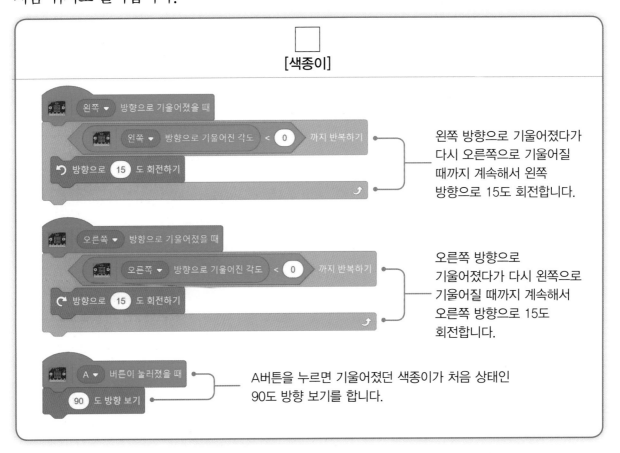(마이크로비트)를 선택합니다.

>> 프로그래밍 하기

마이크로비트를 왼쪽, 오른쪽으로 기울이면 색종이가 움직이고, A버튼을 누르면
처음 위치로 돌아옵니다.

[색종이]

왼쪽 방향으로 기울어졌다가
다시 오른쪽으로 기울어질
때까지 계속해서 왼쪽
방향으로 15도 회전합니다.

오른쪽 방향으로
기울어졌다가 다시 왼쪽으로
기울어질 때까지 계속해서
오른쪽 방향으로 15도
회전합니다.

A버튼을 누르면 기울어졌던 색종이가 처음 상태인
90도 방향 보기를 합니다.

선생님 도와주세요 다른 색상 팔레트도 추가하고 싶어요.

색깔 효과를 사용하여 하나의 모양을 200가지 이상의 색상으로 구성할 수 있습니다. 빨간색을 기준으로
색깔 효과를 몇으로 정해야 내가 원하는 색으로 보일지 직접 확인해 보고 팔레트 색상을 추가해 보세요.

색상 스펙트럼

기준

색깔 효과를 0 (으)로 정하기 ■(빨간색)

색깔 효과를 60 (으)로 정하기 ■(녹색)

색깔 효과를 120 (으)로 정하기 ■(파란색)

색깔 효과를 200 (으)로 정하기 ■(빨간색)

4 프로그램 실행하고 개선 방법 생각해 보기

실행이 잘되지 않는다면 **Q&A** 코너를 읽어본 후 해결해 봅시다.

색종이 복제본을 더 많이 만들고 싶어요.

'색종이' 스프라이트의 반복하기 부분의 반복 숫자를 바꿔 보세요.

현재 선택된 색상이 무슨 색인지 알아볼 수 없어서 불편해요.

색깔 이름 스프라이트를 클릭했을 때 선택한 색의 이름을 마이 크로비트 LED 디스플레이에 출력하거나, 선택한 색상 팔레트의 크기를 변경해 보세요.

한 걸음 더

이 활동은 학습 시간이 남은 학생이거나 가정에서 별도 학습을 하고자 하는 학생들을 위한 공간입니다.

▶ 색종이로 모자이크 작품을 만들어 보았습니다. 그런데 이렇게 사람만이 가능하다고 생각했던 창의적인 예술 영역에서 인공지능이 많은 활약을 하고 있습니다. 인공지능이 만들어 내는 그림은 어떤 모습일지 체험해 봅시다.

딥 드림 제네레이터(Deep dream Generator)

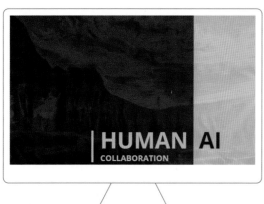

▲ 홈페이지 화면

▲ 활용 예

구글이 만든 딥 드림 제네레이터는 오늘날 대표적인 인공지능 화가입니다. 내가 그린 그림이나 사진을 업로드하면 이미지의 특징을 추출해서 새로운 이미지로 만들어 줍니다.

사용 방법

❶ 인터넷 검색창에 '딥 드림' 또는 주소 입력 창에 'https://deepdreamgenerator.com/'을 입력해서 해당 사이트로 이동합니다.

❷ 로그인 한 후, 상단  을 클릭하여 그림 만들기 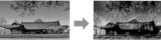 메뉴로 이동하고 사진을 업로드 합니다.

❸ 적용할 화풍을 선택하고 를 클릭합니다.

❹ 인공지능이 만든 그림을 감상합니다.

그림이나 사진의 세세한 부분까지 표현할 수 없을까요?

활동 4

점묘화를 그려요

마이크로비트의 기울기 센서로 해결할 수 있습니다!

학습 목표

❶ 기울기 센서가 활용되는 곳을 설명할 수 있습니다.

❷ 기울기 센서를 활용하여 재미있는 점묘화 활동을 할 수 있습니다.

준비물

마이크로비트

학생 본인 사진

1 해결 과제 알아보기

색종이 모자이크를 쉽고 빠르게 만들기 위해 해결해야 할 과제는
무엇인지 알아봅시다.

엄마의 생신 선물을 만들기 위해 한 시간째 색종이 모자이크를 만들고 있는 태환이와
성식이의 얼굴이 많이 피곤해 보여요. 과연, 태환이와 성식이는 엄마의 생신 선물을
완성할 수 있을까요?

> 휴, 한 시간이나 지났는데
> 색종이를 반도 못 붙였어.
> 언제 완성하지?

> 작은 색종이 조각 붙이는 일을 계속
> 반복하니까 너무 지루하다. 우리
> 대신 그림을 완성해 줄 로봇 없나?

마이크로비트의 기울기 센서로 여러 모양으로
점을 찍어 그림을 그리는 점묘화 프로그램을 만들어 봐!

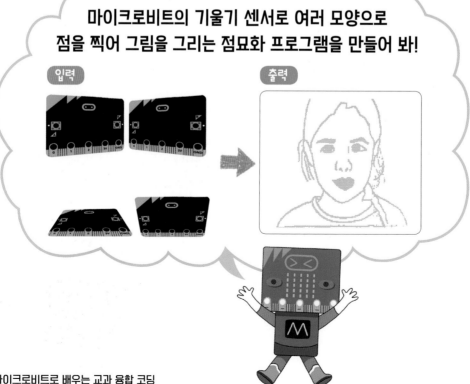

입력

출력

2 해결 방안 생각하기

오랜 시간이 걸리는 그림을 쉽고 빠르게 그릴 수 있도록 기울기 센서를
이용하여 해결해 봅시다.

컴퓨터는 픽셀이라고
부르는 작은 점으로
그림을 표현해.

기울기 센서를 이용해서
컴퓨터가 내 그림을 따라 점을
찍을 수 있도록 만들어 보자.

기울기 센서는 어디에 사용될까요?

우리가 자주 사용하는 스마트폰의
내부에는 물체의 기울기를 감지할 수 있는
기울기 센서가 들어 있습니다.
게임과 같은 다양한 애플리케이션이나
스마트폰을 세로로 보다가 가로로 회전할
때 자동으로 회전되는 기능에도 활용되고
있습니다.

 생각하며 배우기　　**점묘화**

점묘화는 점을 찍어서 그린 그림입니다.
점묘화를 즐겨 그린 화가인 조르주 쇠라의 그림
'그랜드 자트 섬의 일요일 오후'를 자세히
확대해서 살펴볼까요?
사람의 얼굴, 풍경, 그림자 등 모든 것이 점으로
그려져 있는 것을 알 수 있습니다.

쇠라(Seurat/프랑스/1859~1891)
그랜드 자트 섬의 일요일 오후(1884)

3 나의 생각 프로그래밍하기

해결 방안을 이용하여 점묘화 그리기 프로그램을 만들어 봅시다.

프로그램 순서 나열해 보기

1 밑그림 그리기

2 기울여서 그림 바꾸기

3 점묘화 그리기

명령어 블록 알아보기

마이크로비트의 기울기 센서를 사용한 점묘화 프로그램에 필요한 명령어 블록입니다.

동작	x 좌표를 -200 (으)로 정하기	스프라이트가 입력한 x좌표(-200)로 이동합니다.
	y 좌표를 10 만큼 바꾸기	스프라이트의 y좌표를 입력한 값(10)만큼 바꿉니다.
형태	투명도 ▼ 효과를 100 (으)로 정하기	투명도 효과를 입력한 값(100)으로 정합니다. 값이 클수록 투명해집니다.
연산	1 부터 10 사이의 난수	입력한 두 수(1, 10) 사이에서 선택된 랜덤 수 값입니다.
감지	밑그림 ▼ 에 닿았는가?	스프라이트가 선택한 항목과 닿으면 '참'으로 판단합니다.
변수	나의 변수 ▼ 을(를) 0 로 정하기	'나의 변수' 변수에 0을 저장합니다. (초기화합니다.)
이벤트	점찍기 ▼ 신호 보내고 기다리기	선택한 신호(점찍기)를 보내고, 해당 신호를 받는 블록들의 실행이 끝날 때까지 기다립니다.
제어	만약 (이)라면 — 판단이 참이 될 때까지 감싸고 있는 블록들을 반복 실행합니다.	10 번 반복하기 — 입력한 횟수(10)만큼 감싸고 있는 블록들을 반복 실행합니다.
펜	모두 지우기 — 스프라이트가 그린 선과 도장을 모두 지웁니다.	도장찍기 — 스프라이트의 모양을 도장처럼 실행 화면 위에 찍습니다.
micro:bit	아무 ▼ 방향으로 기울어졌을 때	마이크로비트가 지정된(아무) 방향으로 기울어졌을 때 실행됩니다.

1 밑그림 그리기

≫ 준비하기

❶ (스프라이트 고르기)– (그리기)–스프라이트 이름을 '밑그림'으로 변경합니다.

❷ ▮▪(채우기 색–검은색(색상: 0, 채도: 100, 명도: 0))– (붓)을 선택하여 밑그림을 그립니다.

❸ (모양 고르기)– (그리기)를 선택하여 몇 개의 모양을 추가로 그립니다.

❹ 또는 (모양 업로드하기)를 눌러 이미지 파일을 추가합니다.

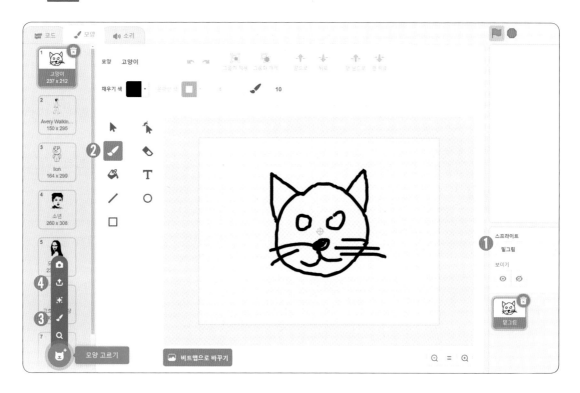

≫ 프로그래밍하기

밑그림 스프라이트의 모양을 숨깁니다.

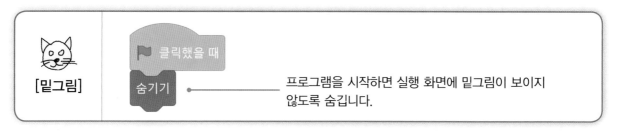

[밑그림]

🏳 클릭했을 때
숨기기 ── 프로그램을 시작하면 실행 화면에 밑그림이 보이지 않도록 숨깁니다.

12 기울여서 그림 바꾸기

>> 준비 하기

❶ 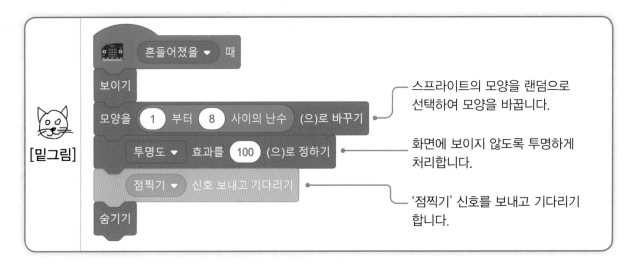 (확장 기능 추가하기) – (micro:bit)를 선택합니다.

❷ – –'새로운 메시지'를 선택하고 '점찍기' 메시지를 만듭니다.

>> 프로그래밍 하기

마이크로비트를 흔들면 '밑그림' 스프라이트의 모양을 랜덤으로 정하여 보여 줍니다.

[밑그림]

흔들어졌을 ▼ 때
보이기
모양을 1 부터 8 사이의 난수 (으)로 바꾸기 ——— 스프라이트의 모양을 랜덤으로 선택하여 모양을 바꿉니다.
투명도 ▼ 효과를 100 (으)로 정하기 ——— 화면에 보이지 않도록 투명하게 처리합니다.
점찍기 ▼ 신호 보내고 기다리기 ——— '점찍기' 신호를 보내고 기다리기 합니다.
숨기기

13 점묘화 그리기

>> 준비 하기

❶ (스프라이트 고르기) – (그리기) – 스프라이트 이름을 '픽셀'로 변경합니다.

❷ 작은 크기의 모양을 그리기 쉽도록 (확대)를 여러 번 눌러서 그림판 화면을 확대합니다.

❸ (채우기 색 – (검은색: 색상: 0, 채도: 100, 명도: 0)) – (직사각형)을 선택하여 정사각형(5×5)을 그립니다.

❹ – 변수 만들기 를 선택하고 '도장' 변수를 만든 다음, 화면에 보이지 않도록 체크 박스를 해제합니다.

❺ (확장 기능 추가하기) – (펜)을 선택합니다.

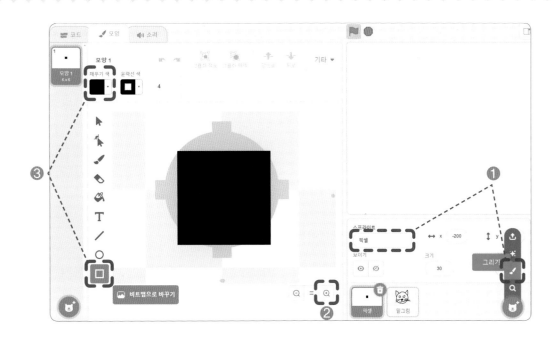

>> 프로그래밍 하기

'점찍기' 신호를 받으면 한 줄씩 도장을 찍습니다.

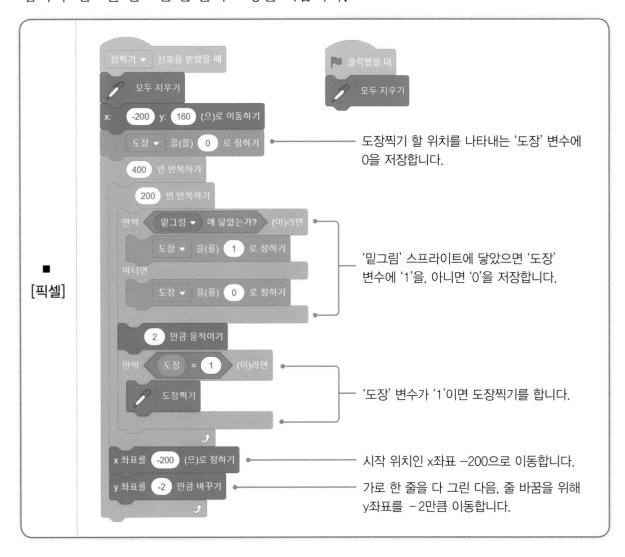

■
[픽셀]

도장찍기 할 위치를 나타내는 '도장' 변수에 0을 저장합니다.

'밑그림' 스프라이트에 닿았으면 '도장' 변수에 '1'을, 아니면 '0'을 저장합니다.

'도장' 변수가 '1'이면 도장찍기를 합니다.

시작 위치인 x좌표 −200으로 이동합니다.

가로 한 줄을 다 그린 다음, 줄 바꿈을 위해 y좌표를 −2만큼 이동합니다.

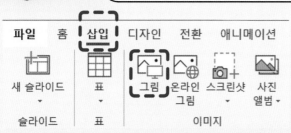

❶ 밑그림으로 사용할 사진을 준비한 다음, 파워포인트 또는 한쇼를 실행하고 메뉴의 [삽입 → 그림]을 선택합니다.
❷ 그림 삽입 창에서 이미지를 선택하여 추가합니다.

삽입한 이미지를 클릭하고 [그림 도구 서식 → 색 → 다시 칠하기 → 흑백 50% → 이미지 위에서 마우스 오른쪽 버튼 누르기 → 그림으로 저장]을 눌러 흑백 이미지를 저장합니다.

❶ 크롬 브라우저 주소창에 'https://pixlr.com/x/'를 입력합니다.
❷ OPEN IMAGE 버튼을 눌러 앞에서 저장한 흑백 이미지 파일을 엽니다.

❶ 왼쪽 메뉴의(Cutout)-(MAGIC CUTOUT)을 선택하면 마우스 커서가 십자 모양(+)이 됩니다. 이때 검은색을 제외한 이미지의 흰색 부분만 눌러서 투명 처리합니다.
❷ SAVE 버튼을 눌러 저장합니다.

❶ 파일 이름을 입력하고, 파일 타입을 'PNG'로 선택합니다.
❷ DOWNLOAD 버튼을 눌러 저장합니다.

스크래치 화면으로 돌아온 다음 (스프라이트 업로드하기) 메뉴에서 완성한 이미지 파일을 선택해서 추가합니다.

4 프로그램 실행하고 개선 방법 생각해 보기

실행이 잘되지 않는다면 Q&A 코너를 읽어본 후 해결해 봅시다.

실행했더니 그림을 그리는 데 시간이 너무 오래 걸려요.

스크래치 메뉴의 '편집'에서 '터보 모드 켜기'를 선택하세요.

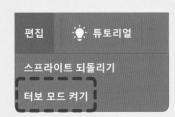

점묘화 그림이 아직 완성되기 전에 밑그림이 나타나요.

'밑그림' 스프라이트에서 블록으로 제시하면:

실행하는 점찍기 ▼ 신호 보내고 기다리기 블록을 점찍기 ▼ 신호 보내기

블록으로 사용하지 않았는지 확인해 보세요.

한 걸음 더

이 활동은 학습 시간이 남은 학생이거나 가정에서 별도 학습을 하고자 하는 학생들을 위한 공간입니다.

▶ 내 사진의 밑그림을 따라 점묘화를 잘 표현해 보았나요? 내 얼굴과 닮은 기존의 작품을 찾아 보여 주는 애플리케이션을 체험해 봅시다.

구글 아트 앤 컬처

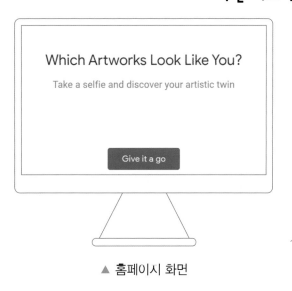

▲ 홈페이시 화면

▲ 앱 화면

내 얼굴을 셀카로 찍으면 나와 닮은 작품의 정보와 이미지를 보여 줍니다.

사용 방법

❶ 휴대폰에 '아트 앤 컬처' 앱을 검색하여 설치하고 실행합니다.

❷ 앱의 사진 촬영 버튼을 클릭하고, 'Art Selfie'를 선택합니다.

❸ 얼굴 사진을 찍으면 닮은 꼴 초상화를 보여 줍니다.

내가 먹으려고 꺼내 놓은 오렌지가 자꾸 없어져요. 내 오렌지를 지킬 방법이 없을까요?

활동 5

내 오렌지는 내가 지켜요

마이크로비트의 핀을 사용하면 맛있는 간식을 지킬 수 있습니다!

스위치를 누르면 작동 시작!

학습 목표

❶ 핀의 쓰임을 압니다.

❷ 핀으로 주변 움직임을 감지할 수 있는 활동을 할 수 있습니다.

준비물

마이크로비트

악어 케이블

클립

종이

1 해결 과제 알아보기

성식이가 오렌지를 지키기 위해 해결해야 할 과제는 무엇인지 알아봅시다.

방에서 숙제를 하던 성식이는 오렌지를 먹기 위해 부엌에 갔습니다. 그런데 누군가 이미 성식이의 오렌지를 먹어 버렸지 뭐예요. 성식이의 오렌지를 지킬 좋은 방법이 없을까요?

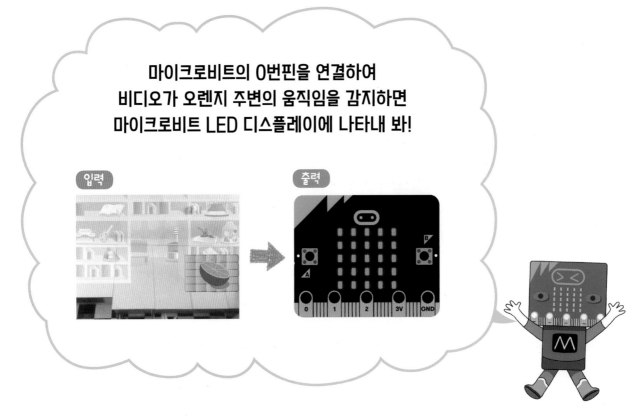

마이크로비트의 0번핀을 연결하여
비디오가 오렌지 주변의 움직임을 감지하면
마이크로비트 LED 디스플레이에 나타내 봐!

2 해결 방안 생각하기

성식이의 오렌지를 지킬 수 있도록 마이크로비트의 핀과 비디오 감지 기능을 이용하여 해결해 봅시다.

스크래치의 비디오 기능을 사용해 움직임을 감지할 수 있는 프로그램을 만들어 보자.

마이크로비트의 0번핀을 연결해서 비디오 감지를 작동시키자.

마이크로비트의 핀은 어디에 있을까요?

마이크로비트에는 악어 케이블을 이용해서 외부 장치에 쉽게 연결할 수 있는 핀이 있습니다. 0, 1, 2는 입출력, 3V와 GND는 전원을 공급하는 데 사용합니다.

 생각하며 배우기   **도체와 부도체**

전기가 통하는 물질을 도체, 전기가 통하지 않는 물질을 부도체라고 합니다. 전구를 연결한 전기 회로에 물질을 연결했을 때 전구에 불이 켜진다면 도체, 그렇지 않으면 부도체로 구분합니다.

구분	예시
도체	철, 알루미늄, 구리 등의 금속으로 이루어진 물체 (예 쇠숟가락, 동전, 클립, 못 등)
부도체	나무, 고무, 플라스틱 등의 물질로 이루어진 물체 (예 책, 풍선, 나무젓가락, 빨대 등)

3 나의 생각 프로그래밍하기

➡ 해결 방안을 이용하여 움직임을 감지하는 프로그램을 만들어 봅시다.

프로그램 순서 나열해 보기

1 0번핀 연결하여 작동시키기] **2** 움직임 감지 영역 만들기] **3** 움직임 감지하여 LED에 출력하기]

명령어 블록 알아보기

핀을 연결하여 움직임을 감지하는 프로그램에 필요한 명령어 블록입니다.

micro:bit	**0 ▼** 번 핀이 연결되었을 때 ✓ 0 1 2	0, 1, 2번핀을 선택하여 연결한 뒤, 다음 명령을 실행합니다.
	⋮⋮⋮ ▼ 보여주기	25개의 LED 디스플레이에 입력한 내용을 보여 줍니다. 이때, 25개 LED의 상태 값을 리스트에 입력하여 나타낼 수도 있습니다.
비디오 감지	비디오 **켜기 ▼**	카메라를 이용하여 움직임을 감지하도록 비디오를 켭니다.
	비디오 **동작 ▼** 에 대한 **스프라이트 ▼** 에서의 관찰값	스프라이트의 움직임을 감지한 값으로 나타냅니다.

1 0번핀 연결하여 작동시키기

≫ 준비하기

❶ (배경 고르기)– 실내 – 'Room1'을 추가합니다.

❷ (스프라이트 고르기)– 'Dani', 'Button3', 'Orange2'를 추가합니다.

❸ (확장 기능 추가하기)– (micro:bit)와 (비디오 감지)를 선택합니다.

❹ 0번핀과 GND핀을 클립에 연결하여 움직임 감지 스위치를 만듭니다.

≫ 프로그래밍하기

마이크로비트의 0번핀을 연결하고 비디오 감지를 추가합니다.

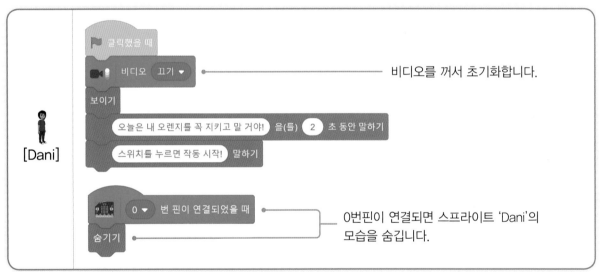

[Dani]

클릭했을 때

비디오 끄기 ▼ ────── 비디오를 꺼서 초기화합니다.

보이기

오늘은 내 오렌지를 꼭 지키고 말 거야! 을(를) 2 초 동안 말하기

스위치를 누르면 작동 시작! 말하기

0 ▼ 번 핀이 연결되었을 때 ──── 0번핀이 연결되면 스프라이트 'Dani'의

숨기기 ────────── 모습을 숨깁니다.

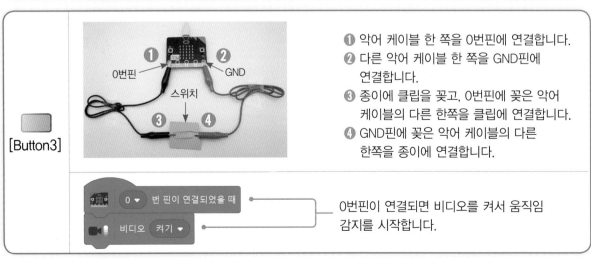

[Button3]

0번핀   GND

스위치

❶ 악어 케이블 한 쪽을 0번핀에 연결합니다.
❷ 다른 악어 케이블 한 쪽을 GND핀에 연결합니다.
❸ 종이에 클립을 꽂고, 0번핀에 꽂은 악어 케이블의 다른 한쪽을 클립에 연결합니다.
❹ GND핀에 꽂은 악어 케이블의 다른 한쪽을 종이에 연결합니다.

0 ▼ 번 핀이 연결되었을 때 ──── 0번핀이 연결되면 비디오를 켜서 움직임

비디오 켜기 ▼ ──────── 감지를 시작합니다.

준비 하기

❶ 변수 – 리스트 만들기 를 선택하고, LED의 위치 정보를 저장할 'LED' 리스트를 만듭니다.

❷ 변수 – 변수 만들기 를 선택하고, 'LED번호' 변수를 만든 뒤, '이 스프라이트에서만 사용'을 체크합니다(움직임이 없으면 'LED번호' 변수는 0이 되고, 움직이면 1이 됩니다.).

프로그래밍 하기

오렌지 주변의 움직임을 감지하기 위해 'LED' 리스트와 'LED번호' 변수를 추가합니다.

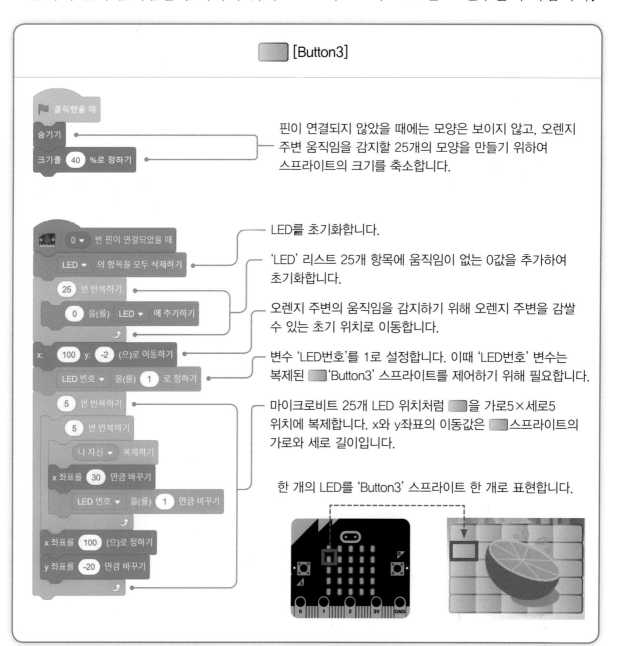

[Button3]

```
클릭했을 때
숨기기
크기를 40 %로 정하기
```
핀이 연결되지 않았을 때에는 모양은 보이지 않고, 오렌지 주변 움직임을 감지할 25개의 모양을 만들기 위하여 스프라이트의 크기를 축소합니다.

```
0 ▼ 번 핀이 연결되었을 때
LED ▼ 의 항목을 모두 삭제하기
25 번 반복하기
    0 을(를) LED ▼ 에 추가하기
x: 100 y: -2 (으)로 이동하기
LED번호 ▼ 을(를) 1 로 정하기
5 번 반복하기
    5 번 반복하기
        나 자신 ▼ 복제하기
        x 좌표를 30 만큼 바꾸기
        LED번호 ▼ 을(를) 1 만큼 바꾸기
    x 좌표를 100 (으)로 정하기
    y 좌표를 -20 만큼 바꾸기
```

LED를 초기화합니다.

'LED' 리스트 25개 항목에 움직임이 없는 0값을 추가하여 초기화합니다.

오렌지 주변의 움직임을 감지하기 위해 오렌지 주변을 감쌀 수 있는 초기 위치로 이동합니다.

변수 'LED번호'를 1로 설정합니다. 이때 'LED번호' 변수는 복제된 'Button3' 스프라이트를 제어하기 위해 필요합니다.

마이크로비트 25개 LED 위치처럼 ▣을 가로5×세로5 위치에 복제합니다. x와 y좌표의 이동값은 ▣스프라이트의 가로와 세로 길이입니다.

한 개의 LED를 'Button3' 스프라이트 한 개로 표현합니다.

3 움직임을 감지하여 LED에 출력하기

》 준비하기

 'Button3' 스프라이트를 선택하고, 모양 – (스프라이트 고르기) – 모두 –
'Button3-b'를 추가합니다.

》 프로그래밍하기

움직임이 감지될 때와 감지되지 않을 때 'LED' 리스트의 값을 바꿉니다.

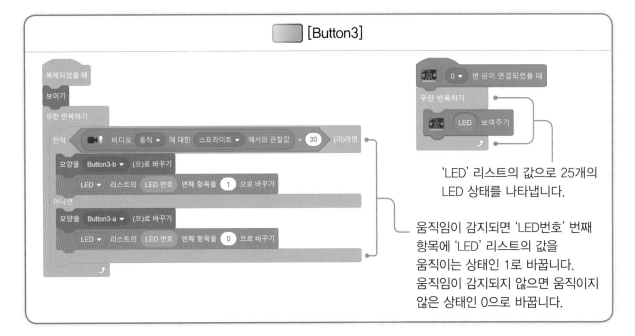

[Button3]

복제되었을 때
보이기
무한 반복하기
  만약 ▣ 비디오 동작 ▼ 에 대한 스프라이트 ▼ 에서의 관찰값 > 30 (이)라면
    모양을 Button3-b ▼ (으)로 바꾸기
    LED ▼ 리스트의 LED 번호 번째 항목을 1 으로 바꾸기
  아니면
    모양을 Button3-a ▼ (으)로 바꾸기
    LED ▼ 리스트의 LED 번호 번째 항목을 0 으로 바꾸기

0 ▼ 번 핀이 연결되었을 때
무한 반복하기
  LED 보여주기

'LED' 리스트의 값으로 25개의
LED 상태를 나타냅니다.

움직임이 감지되면 'LED번호' 번째
항목에 'LED' 리스트의 값을
움직이는 상태인 1로 바꿉니다.
움직임이 감지되지 않으면 움직이지
않은 상태인 0으로 바꿉니다.

4 프로그램 실행하고 개선 방법 생각해 보기

↳ 실행이 잘되지 않는다면 Q&A 코너를 읽어본 후 해결해 봅시다.

Q&A

오렌지 주변의 움직임을 LED에서 확인하고 나왔더니 벌써 먹어 버렸어요.

오렌지를 만지면 먹지 못하도록 경고음을 울려 보자!

한 걸음 더

이 활동은 학습 시간이 남은 학생이거나 가정에서 별도 학습을 하고자 하는 학생들을 위한 공간입니다.

▶ 내 오렌지를 가져가려는 움직임을 카메라로 감지하여 비슷한 모습의 사진을 보여 준다면 경각심을 불러일으킬 수 있지 않을까요? 나의 모습을 감지하여 비슷한 모습의 사진을 자동으로 찾아 주는 인공지능 프로그램을 살펴봅시다.

Move Mirror

태블릿PC 또는 노트북에서 실행하세요.

카메라를 켜고 움직이면 자신의 움직임과 일치하는 사진을 찾아 보여 줍니다. Google PoseNet을 이용하어 카메라에 비춰진 사람의 신체를 인지하고 움직임을 예측합니다. 이렇게 예측된 모습을 바탕으로 80,000장 이상의 사진 중에 비슷한 사진을 찾아낼 수 있습니다.

사용 방법

❶ https://experiments.withgoogle.com/collection/ai/move-mirror/view 에 접속하고 [Try it]을 선택합니다.
❷ [Make a GIF]를 선택합니다.
❸ 카메라에 자신의 모습을 비춰 체험합니다.

교과 연계 과학

사용할 장치 핀

앗! 이런…, 주방으로 달려가 보니 누군가 이미 오렌지를 먹어 버렸어요.

활동 6 오렌지를 먹지 마세요

오렌지를 만지는 사람이 깜짝 놀라도록 음성으로 경고 메시지를 전달해요.

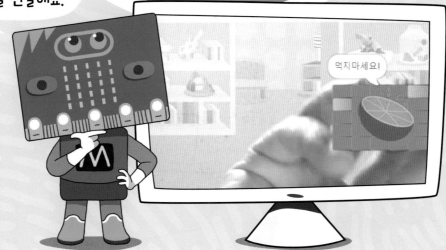

먹지마세요!

학습 목표

❶ 핀의 사용법을 설명할 수 있습니다.

❷ 도체를 이용해 반응하는 활동을 할 수 있습니다.

준비물

 악어 케이블

 금속 그릇

 마이크로비트

 오렌지(또는 전도성 점토)

 클립

해결 과제 알아보기

오렌지를 먹지 못하도록 만지면 경고음을 내기 위해 해결해야 할 과제는
무엇인지 알아봅시다.

움직임을 감지하고 나가 봤지만, 동생이 벌써 오렌지를 먹고 있네요. 오렌지를 만지지
못하도록 할 수 있는 방법은 없을까요?

마이크로비트의 1번핀과 연결한 오렌지를 만지면
경고음을 내도록 만들어 봐!

해결 방안 생각하기

오렌지를 누군가 만졌을 때 바로 알 수 있도록 마이크로비트의 핀과
텍스트 음성 변환 기능을 이용하여 해결해 봅시다.

오렌지를 먹지
못하도록 하는 방법은
없을까?

오렌지를 만졌을 때 텍스트 음성 변환을
사용해 소리로 경고할 수 있는
프로그램을 만들어 보자.

마이크로비트의 핀을 알아볼까요?

마이크로비트에는 외부 장치를 연결할 수 있는 25개의 핀이 있습니다. 0, 1, 2, 3V,
GND의 5개의 핀은 악어 케이블을 이용하여 쉽게 연결할 수 있습니다. 나머지 핀은 악어
케이블이 아닌 아주 작은 핀으로 연결해야 하는 어려움이 있고, 여러 개의 외부 장치를
이용하면 GND와도 여러 개 연결해야 합니다.
이런 한정된 입출력 핀들을 편리하게 사용하기 위해서 확장 보드를 사용합니다.

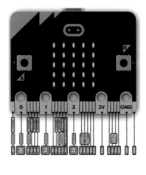

▲ 확장보드 예시

생각하며 배우기　　**과일 전지**

과일 전지는 과일 속에 들어 있는 산성 성분이 금속과 산화 반응하면
전자가 이동하여 전류가 흐르는 원리로 작동합니다.
과일 전지를 만들 수 있는 과일에는 오렌지 외에도 귤, 사과, 배, 파인애플,
수박, 복숭아, 토마토, 바나나, 감자, 고구마, 오이 등이 있습니다.
이번 활동에서는 오렌지를 이용하여 실험해 봅니다.

3 나의 생각 프로그래밍하기

해결 방안을 이용하여 오렌지를 만지면 경고음이 작동하는
프로그램을 만들어 봅시다.

프로그램 순서 나열해 보기

1 1번핀과 오렌지 연결하기

➡️

2 경고 메시지 말하기

명령어 블록 알아보기

경고음을 작동시키는 프로그램에 필요한 명령어 블록입니다.

micro:bit	[0 ▾] 번 핀이 연결되었을 때 ✓ 0 / 1 / 2	0, 1, 2번핀을 선택하여 연결한 뒤, 다음 명령을 실행합니다.
비디오 감지	비디오 [동작 ▾] 에 대한 [스프라이트 ▾] 에서의 관찰값	스프라이트의 움직임을 감지한 값으로 나타냅니다.
Text to Speech	[안녕] 말하기	입력된 문자값(안녕)을 설정된 목소리로 말합니다.
	음성을 [중고음 ▾] 로 정하기	음성을 중고음, 중저음, 고음, 저음, 고양이 중 하나로 정합니다.

차근차근 프로그래밍하기 ── 예제 주소 https://bit.ly/2RI2Kua

1 1번핀과 오렌지 연결하기

>> 준비 하기

| 오렌지 1개
(또는 전도성 점토) | 악어 케이블 5개 | 클립 1개 | 금속 그릇1개 |

>> 프로그래밍 하기

0번, 1번, GND핀을 연결하여 회로를 구성합니다.

 [Orange2]

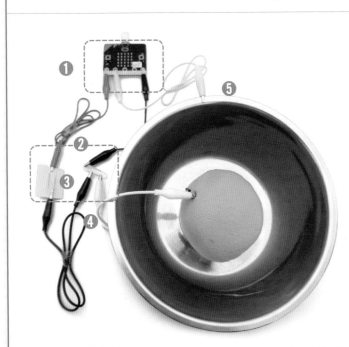

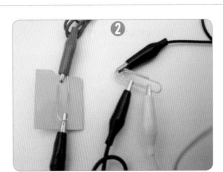

❶ 악어 케이블 3개를 0번핀, 1번핀, GND핀에 연결합니다.
❷ 0번핀과 1번핀의 전기 회로를 만들기 위해서는 두 개의 GND핀이 필요
 합니다. 오렌지를 GND핀에 연결한 악어 케이블의 다른 한 쪽을 클립에
 연결하면 이 클립에 연결한 부품은 서로 연결되어 전기가 통하게 됩니다.
❸ 0번핀의 부품과 연결된 기존의 악어 케이블을 클립에 연결합니다.
❹ 새로 준비한 악어 케이블 역시 클립에 연결합니다.
❺ 1번핀에 연결한 다른 한쪽의 케이블을 그릇에 연결합니다.
❻ 오렌지를 그릇에 담고 클립에 연결한 악어 케이블의 다른 한 쪽을 오렌지에 꽂습니다.

> 만약 오렌지를 구하기
> 어렵다면 오렌지 대신에
> 전도성 점토를
> 사용할 수 있어요.

≫ 준비 하기

❶ (스프라이트 고르기)- 음식 - 'Orange2'를 선택하고, 소리 -

(소리 고르기)- 효과 - 'Disconnect'를 추가합니다.

❷ 변수 - 변수 만들기 를 선택하고, '오렌지 연결'과 '작동시작' 변수를 만듭니다.

❸ (확장 기능 추가하기)- (텍스트 음성 변환(TTS))을 선택합니다.

≫ 프로그래밍 하기

0번핀과 1번핀이 연결되고 움직임이 감지되면 경고합니다.

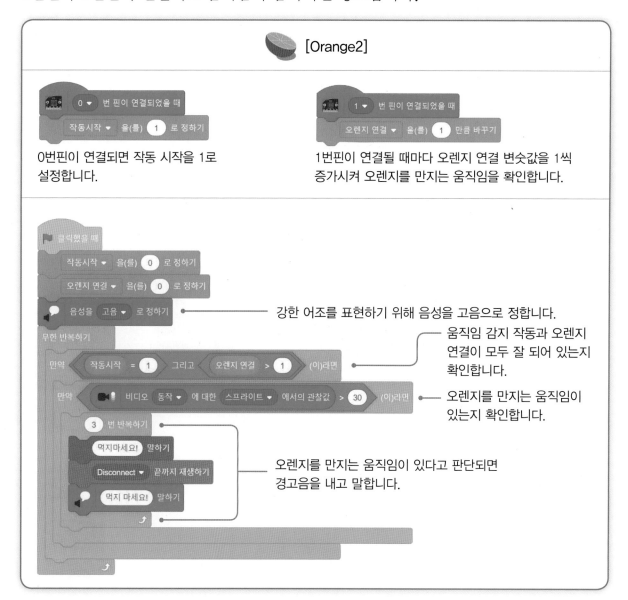

[Orange2]

0번핀이 연결되면 작동 시작을 1로 설정합니다.

1번핀이 연결될 때마다 오렌지 연결 변숫값을 1씩 증가시켜 오렌지를 만지는 움직임을 확인합니다.

강한 어조를 표현하기 위해 음성을 고음으로 정합니다.

움직임 감지 작동과 오렌지 연결이 모두 잘 되어 있는지 확인합니다.

오렌지를 만지는 움직임이 있는지 확인합니다.

오렌지를 만지는 움직임이 있다고 판단되면 경고음을 내고 말합니다.

4 프로그램 실행하고 개선 방법 생각해 보기

실행이 잘되지 않는다면 **Q&A** 코너를 읽어본 후 해결해 봅시다.

 GND핀에 연결한 선에 클립을 왜 연결하나요?

악어 케이블을 연결할 수 있는 GND핀은 한 개뿐입니다.
확장 보드를 이용한다면 연결하기 쉽지만, 그렇지 않다면
점퍼 와이어로 연결하여 고정하는 작업을 해 주어야만 합니다.
대신 GND핀에 클립을 연결하여 전류를 흐르게 하면 브레드 보드와
같은 효과를 낼 수 있습니다.

이것을 부품과 부품을 연결하기 위하여
사용하는 브레드 보드라고 합니다.

 오렌지를 금속 그릇에 넣는 이유는 뭔가요?

금속 그릇은 전기가 통하기 때문에 오렌지를 만지면
전류가 흘러 움직임을 감지할 수 있습니다.

 아무런 동작을 하지 않아요.

활동5부터 연결한 회로가 제대로 연결되어 있는지
확인해 보세요.

한 걸음 더

이 활동은 학습 시간이 남은 학생이거나 가정에서 별도 학습을 하고자 하는 학생들을 위한 공간입니다.

▶ 내 오렌지를 지키기 위하여 누군가 오렌지를 가져가기 전에 미리 방지할 수 있는 방법은 없을까요?

잠재적 도둑 탐지 AI

성 별: 남성
나 이: 34세
소지품: 핸드백
시 간: 0:00 : 21:58
선 택: 0:00 : 19:98
(도난)의심도: 30%
행 동: 가만히 있지 못함

[이미지 출처: Akio Kon(Bloomberg)]

일본에서 뭔가를 훔치려고 하는 듯한 사람, 즉 잠재적인 도둑을 잡는 인공지능이 개발되었습니다. 이 인공지능은 사람의 안절부절못하는 모습, 불안한 표정, 의심스러운 행동을 학습하여 가게에 설치된 CCTV를 통해 잠재적인 도둑을 미리 잡아낼 수 있습니다.

이렇게 포착된 도둑의 정보는 스마트폰의 앱을 통해 가게 점원에게 전송되고 알림을 받은 점원은 수상한 사람에게 다가가 도움이 필요한지 묻는 방식으로 도난을 방지합니다.

이때 주의할 점은 인공지능이 잠재적인 도둑과 관련된 데이터를 학습할 때 인종이나 성별에 대한 편견으로 연결되지 않도록 해야 합니다.

야구공 받기 놀이를 하고
싶어요. 어떻게 하면 혼자서
야구공 받기 놀이를
할 수 있을까요?

활동 7

야구 게임을 해요

마이크로비트의 빛 센서로
해결할 수 있습니다.

학습 목표

❶ 빛 센서의 쓰임을 압니다.

❷ 빛 센서로 야구공을 잡으면 점수가 올라가는
게임을 만들 수 있습니다.

준비물

마이크로비트

USB 케이블

도안

해결 과제 알아보기

경선이가 실내에서 야구 게임을 하기 위해 해결해야 할 과제는 무엇인지 알아봅시다.

오늘은 미세먼지 농도가 너무 높아서 체육 시간에 야구 게임을 못했어요. 너무 아쉬운 경선이는 실내에서라도 야구 게임을 하고 싶어요. 좋은 방법이 없을까요?

화면에 랜덤으로 나타나는 검은 야구공에
마이크로비트의 빛 센서를 대면 점수가 1점씩 올라가!

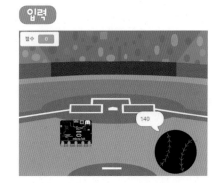

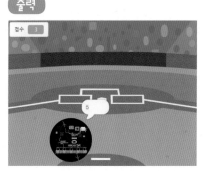

2 해결 방안 생각하기

야구공을 잡으면 점수가 올라가도록 마이크로비트의 빛 센서를 이용하여
해결해 봅시다.

어떻게 하면 마이크로비트의
빛 센서로 공을 감지하게
할 수 있지?

공이 검은 색인 게
단서가 될 것 같은데?

마이크로비트의 빛 센서를 알아볼까요?

마이크로비트의 앞면에 있는 25개의 LED는 빛을 감지하는
빛 센서(조도 센서) 역할을 함께 합니다. 이 빛 센서로 주변이
밝은지 어두운지 감지할 수 있습니다. 주변이 가장 어두운
경우에는 빛 센서 값이 0이 되고, 주변이 점점 밝아지면
빛 센서 값이 최대 255까지 올라갑니다.

 생각하며 배우기　　**빛 센서 활용 사례**

최근에는 길가의 가로등에 빛 센서를 이용하기도 합니다. 주변이 어두워져서 가로등의 빛 센서가
읽어 내는 값이 미리 정해 놓은 값보다 작아지면 가로등의 불이 켜지는 것입니다.
빛 센서는 자동차 계기판에도 활용됩니다. 계기판의 속도, 연료량과 같은 수치는 밤에는 어두워서 잘
안 보입니다. 그래서 빛 센서를 활용해서 밤이 되면 저절로 계기판에 불이 들어오도록 만들었습니다.

빛 센서를 활용한 가로등

불 켜진 자동차 계기판

3 나의 생각 프로그래밍하기

해결 방안을 이용하여 야구공을 잡으면 점수가 올라가는 프로그램을 만들어 봅시다.

프로그램 순서 나열해 보기

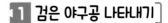

1 검은 야구공 나타내기

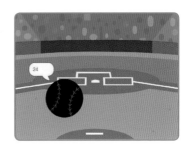

2 검은 야구공 잡기

3 제한 시간 정하기

명령어 블록 알아보기

마이크로비트의 빛 센서를 사용한 야구 게임 프로그램에 필요한 명령어 블록입니다.

micro:bit	주변 조도 읽어내기	마이크로비트 수변의 밝기를 0~255의 값으로 나타냅니다. 밝을수록 255에 가까운 숫자로 나타납니다.
변수	점수 ▾ 을(를) 0 로 설정하기	'점수' 변수에 0을 저장합니다(초기화합니다).
	점수 ▾ 을(를) 10 로 변경하기	입력한 수만큼 '점수' 변숫값을 변경합니다(더합니다).
감지	☑ 타이머	▶️을 눌러 프로그램이 시작되면 타이머가 시간을 잽니다. ☐를 클릭하여 ☑로 바꾸면 화면의 왼쪽 위에 타이머가 나타나서 측정되고 있는 시간이 보입니다.
	타이머 초기화	타이머를 다시 0부터 시작하게 합니다(초기화합니다).
연산	1 과 10 사이 임의의 난수를 취합니다.	입력한 두 수(1, 10) 사이에서 랜덤의 수(임의의 수)를 취합니다.
	◯ > 50	왼쪽의 수가 오른쪽의 수보다 크면 '참'을 나타냅니다.
동작	x: 0 y: 0 (으)로 이동하기	입력한 수의 좌표로 스프라이트의 위치를 옮깁니다.
형태	안녕! 을(를) 2 초 동안 말하기	입력한 내용을 입력한 시간 동안 화면에 말풍선으로 나타냅니다.

1 검은 야구공 나타내기

>> 준비 하기

❶ 📷(백업 선택하기)─ 실외 ─ 🏞 'Baseball2'를 추가합니다.

❷ 🐱(스프라이트 라이브러리)─ 스포츠 ─ 🎾 'Baseball'을 추가한 뒤, 이름을 '검은 야구공'으로 바꿉니다.

❸ '검은 야구공' 스프라이트를 선택하여 [✏ 모델] ─ ■▾ 채우기색─검은색(색상: 0, 채도: 0, 명도: 0)─ 🎨(채우기 색) 버튼을 눌러 야구공을 검게 칠합니다.

❹ 📊(확장 기능)─ [메인보드] ─ 🔲(마이크로비트)를 선택합니다.

>> 프로그래밍 하기

검은 야구공이 랜덤 위치에 나타나 1초 뒤에 사라지고 다시 나타나기를 반복하게 합니다.

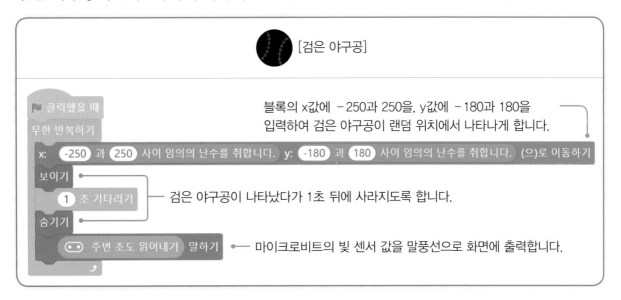

블록의 x값에 −250과 250을, y값에 −180과 180을 입력하여 검은 야구공이 랜덤 위치에서 나타나게 합니다.

검은 야구공이 나타났다가 1초 뒤에 사라지도록 합니다.

마이크로비트의 빛 센서 값을 말풍선으로 화면에 출력합니다.

위쪽 끝 y값 180
왼쪽 끝 x값 −250
오른쪽 끝 x값 250
아래쪽 끝 y값 −180

검은 야구공이 화면 안에서 랜덤하게 나타나도록 화면의 양끝 좌푯값을 입력합니다.

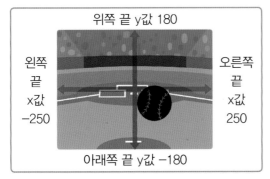

12 검은 야구공 잡기

>> 준비 하기

❶ 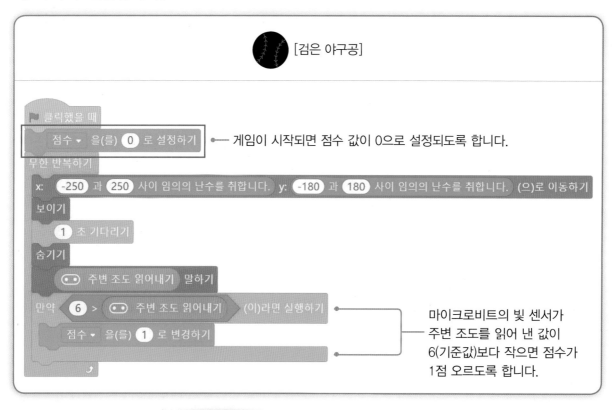 변수 – 변수 새로 만들기 를 선택한 뒤 '점수' 변수를 만듭니다.

❷ ☑ 변수 점수 와 같이 체크 박스에 체크하여 화면에 '점수' 변숫값을 나타냅니다.

>> 프로그래밍 하기

빛 센서를 검은 야구공에 가까이 대어 빛 센서가 주변의 밝기가 어둡다고 감지했을 때(기준값 6보다 작을 때) '점수' 변수가 1씩 오르게 합니다. '1 검은 야구공 나타내기'의 블록에 이어서 연결합니다.

[검은 야구공]

```
클릭했을 때
점수 ▾ 을(를) 0 로 설정하기        ── 게임이 시작되면 점수 값이 0으로 설정되도록 합니다.
무한 반복하기
  x: -250 과 250 사이 임의의 난수를 취합니다. y: -180 과 180 사이 임의의 난수를 취합니다. (으)로 이동하기
  보이기
  1 초 기다리기
  숨기기
  주변 조도 읽어내기 말하기
  만약 6 > 주변 조도 읽어내기 (이)라면 실행하기   ── 마이크로비트의 빛 센서가
    점수 ▾ 을(를) 1 로 변경하기                     주변 조도를 읽어 낸 값이
                                                  6(기준값)보다 작으면 점수가
                                                  1점 오르도록 합니다.
```

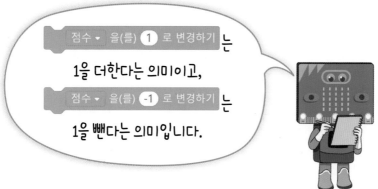

점수 ▾ 을(를) 1 로 변경하기 는
1을 더한다는 의미이고,
점수 ▾ 을(를) -1 로 변경하기 는
1을 뺀다는 의미입니다.

야구 글러브 마비 만 들 기

야구 글러브 도안, 마이크로비트, 가위, 테이프 등을 준비합니다.

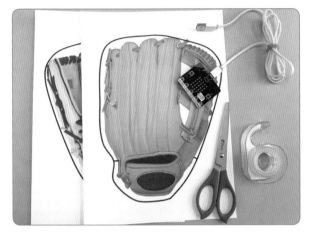

① 야구 글러브 도안, 마이크로비트, 가위, 테이프를 준비합니다.

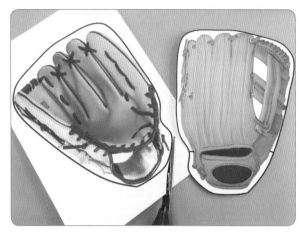

② 야구 글러브 도안을 모양대로 오립니다.

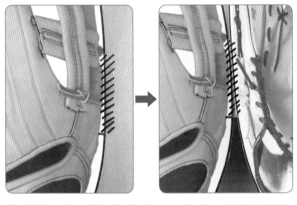

③ 빗금 모양처럼 테이프를 붙여 야구 글러브 손등 면과 손바닥 면을 맞대어 붙입니다.

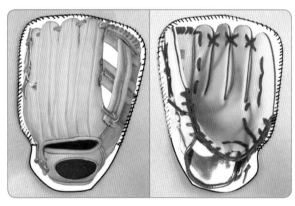

④ 도안에서 손을 넣을 아랫부분만 빼고 빗금 모양 처럼 윗부분을 모두 붙입니다.

OHP필름으로 마이크로비트 앞을 덮고 붙이면, 마이크로비트와 컴퓨터 모니터를 보호할 수 있습니다.

⑤ 마이크로비트 LED 디스플레이가 보이도록 빗금처럼 테이프를 #모양으로 붙입니다.

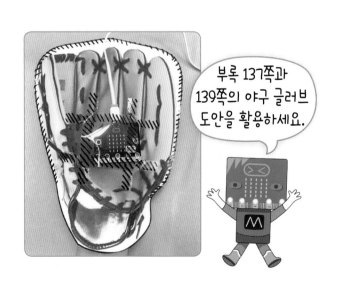

부록 137쪽과 139쪽의 야구 글러브 도안을 활용하세요.

3 제한 시간 정하기

≫ 준비 하기

❶ 감지 에서 ☑ 타이머 처럼 체크 박스에 체크하여 타이머가 화면에 보이도록
합니다. ▶을 누를 때마다 타이머 값이 초기화됩니다.

❷ (스프라이트 라이브러리)– 스포츠 – Catcher 'Catcher'를 추가합니다.

≫ 프로그래밍 하기

타이머 값이 정해 놓은 시간을 넘어가면 점수가 뜨고 게임이 종료되게 합니다.

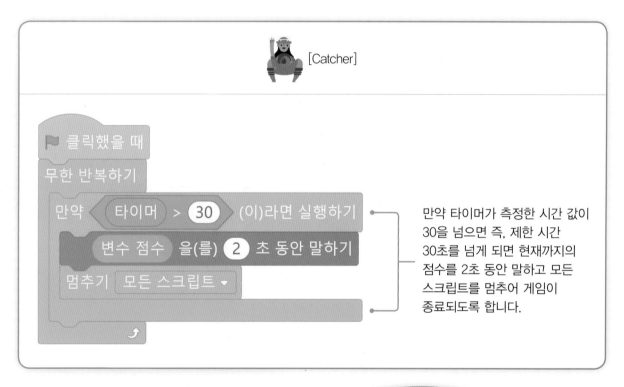

[Catcher]

```
▶ 클릭했을 때
무한 반복하기
  만약   타이머  >  30   (이)라면 실행하기
    변수 점수 을(를)  2  초 동안 말하기
    멈추기  모든 스크립트 ▼
```

만약 타이머가 측정한 시간 값이
30을 넘으면 즉, 제한 시간
30초를 넘게 되면 현재까지의
점수를 2초 동안 말하고 모든
스크립트를 멈추어 게임이
종료되도록 합니다.

게임이 시작된 뒤
30초가 지나면 'Catcher'
스프라이트 옆에 최종 점수를
나타내는 말풍선이
나타납니다.

4 프로그램 실행하고 개선 방법 생각해 보기

실행이 잘되지 않았다면 Q&A 코너를 읽어 본 후 해결해 봅시다.

공을 잡았을 때 안 잡은 것으로 처리되기도 해요.

장소와 모니터 설정에 따라 빛 센서 값의 범위가
달라져야 할 수도 있어요. 빛 센서 값이 얼마로 측정되는지 보면서
게임을 해 보고 기준값을 수정하는 것도 좋을 거예요.

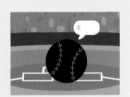

제한 시간 말고 목표 점수에 도달하면 몇 초 만에 목표 점수에
도달했는지 말하도록 하고 싶어요.

'Catcher'의 코드를 고치면 될 거예요.
'타이머 값이 30초를 넘어갔다면' 조건
대신에 '점수가 목표 점수 10점이 되었
다면' 조건을 넣어 보세요. 그리고 점수를
2초 동안 말하기 대신에 타이머 값을
2초 동안 말하도록 하면 돼요.

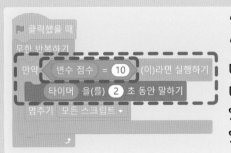

한 걸음 더

이 활동은 학습 시간이 남은 학생이거나 가정에서 별도 학습을 하고자 하는 학생들을 위한 공간입니다.

▶ **야구 게임의 난이도를 더 올리도록 프로그램을 수정해 봅시다.**

❶ 공 잡는 것을 더 어렵게 하려면 어느 부분을 어떻게 바꿔야 할까요?

[검은 야구공]

```
클릭했을 때
  점수 ▾ 을(를) 0 로 설정하기
  무한 반복하기
    x: -250 과 250 사이 임의의 난수를 취합니다. y: -180 과 180 사이 임의의 난수를 취합니다. (으)로 이동하기
    보이기
      1 초 기다리기
    숨기기
      •• 주변 조도 읽어내기 말하기
    만약 6 > •• 주변 조도 읽어내기 (이)라면 실행하기
      점수 ▾ 을(를) 1 로 변경하기
```

❷ 원하는 난이도를 묻고 대답으로 난이도를 정하려면 (대답) 블록을 어디에 끼워 넣으면 될까요?

```
클릭했을 때
  점수 ▾ 을(를) 0 로 설정하기
  난이도를 입력하세요.(1쉬움, 0.5어려움) 라고 묻고 기다리기          대답
  무한 반복하기
    x: -250 과 250 사이 임의의 난수를 취합니다. y: -180 과 180 사이 임의의 난수를 취합니다. (으)로 이동하기
    보이기
      1 초 기다리기
    숨기기
      •• 주변 조도 읽어내기 말하기
    만약 6 > •• 주변 조도 읽어내기 (이)라면 실행하기
      점수 ▾ 을(를) 1 로 변경하기
```

어두워진 숲을 환하게
밝힐 빛을 모으고 싶어요.
어떻게 할까요?

활동 8

빛을 찾아 주세요

마이크로비트의 빛 센서로
빛을 모아 마을을 밝혀 보자.

학습 목표

❶ LED 디스플레이의 특징을 알고 명령을 내려 켜고 끌 수 있습니다.

❷ 빛 센서와 조건에 따라 명령을 실행하는 선택 구조의 프로그램을 만들 수 있습니다.

준비물

마이크로비트

USB 케이블

기름 종이

도안

해결 과제 알아보기

곰돌이가 어두워진 숲을 밝히기 위해 해결해야 할 과제는 무엇인지 알아봅시다.

주변이 모두 깜깜해지자 곰돌이는 놀라 주변을 밝힐 빛을 찾아보았어요. 어두워진 숲속을 밝게 만들기 위해 곰돌이는 어디에서 빛을 모을 수 있을까요?

2 해결 방안 생각하기

그림에 빛이 있는 곳을 나타낼 수 있도록 마이크로비트 빛 센서와
LED 디스플레이를 이용하여 해결해 봅시다.

LED를 모닥불처럼 밝게
만들 수 있을까?

LED를 차례대로 켜도
좋을 것 같아.
주변이 어두워지면 켜지게
만드는 거야!

마이크로비트의 LED를 알아볼까요?

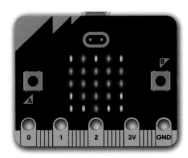

마이크로비트 앞면에 있는 25개의 LED는 영문자, 숫자, 그림
등을 출력하는 출력 장치인 동시에 밝기를 감지하는 빛 센서인
입력 장치로도 사용됩니다.
빛 센서는 전원이 들어오면 자동으로 작동하는데 LED 빛에
영향을 받지 않고 주변 밝기를 감지합니다.

 생각하며 배우기   LED 표지판

LED의 밝은 빛을 이용한 표지판을 본 적 있나요?
LED 표지판은 비가 오거나 어두운 밤에도 정확하게 신호를 전달할 수 있습니다. 또 LED를 켜고 끄는 것을
달리하면, 필요에 따라 다른 정보를 전달할 수도 있다는 장점이 있습니다. 예를 들어 왼쪽 화살표를 오른쪽
화살표로 바꾸어 켜면 간단하게 새로운 정보를 전달할 수 있습니다.

3 나의 생각 프로그래밍하기

해결 방안을 이용하여 빛 센서를 활용해서 빛을 출력하는 프로그램을 만들어 봅시다.

프로그램 순서 나열해 보기

1 강물에 비친 달빛 모양 LED 켜기

2 캠프파이어의 불빛 모양 LED 켜기

3 집 주변 밝기에 따라 LED 켜고 끄기

명령어 블록 알아보기

마이크로비트의 빛 센서와 LED 디스플레이를 활용해 빛을 출력하는 프로그램에 필요한 명령어 블록입니다.

감지	**Bear ▾ 에 닿았습니까?** 마우스 포인터 무대 가장자리 ✓ Bear Ball Home Button	스프라이트나 마우스 포인터, 화면 가장자리에 닿았는지를 판단하여 참 또는 거짓으로 알려 줍니다.
micro:bit	밝기 9 ▾ 설정	LED의 밝기를 0~9까지 정할 수 있습니다.
	모든 도트 매트릭스 제거하기	모든 LED 화면을 지웁니다.
	주변 조도 읽어내기	주변의 밝기 정도(조도) 값입니다.
	켜기 ▾ 좌표 x: 0 ▾ , y: 0 ▾	LED 디스플레이의 해당 좌표에 LED를 켜거나 끕니다.

1 강물에 비친 달빛 모양 LED 켜기

≫ 준비 하기

❶ 🖼️ ─ 실외 ─ ⬛ 'Stars'를 추가합니다.

❷ 🐱 ─ 동물 ─ 🐻 'Bear', 모두 ─ ⚪ 'Ball'을 추가합니다.

❸ 추가한 'Bear' 스프라이트를 선택하고, 🖌️모델 ─ 🐻 'Bear-b' 모양을 선택한 뒤, 스프라이트 이름을 '곰'으로 변경합니다.

❹ 추가한 'Ball' 스프라이트를 선택하고, 🖌️모델 ─ 달 모양으로 바꿀 노란색 'Ball'을 선택합니다.

❺ 🩹 (지우개)를 선택하여 노란 공의 일부분을 지워서 초승달 모양으로 바꾸고, 스프라이트 이름을 '달'로 변경합니다.

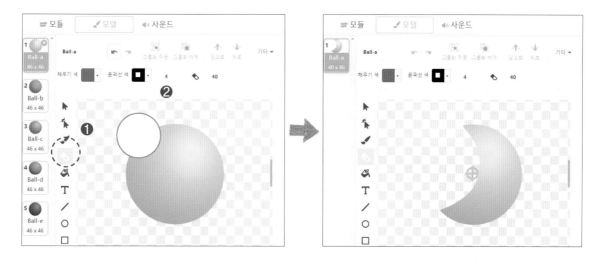

❻ 🔵 변수 ─ 변수 새로 만들기 를 눌러 제한 시간을 저장할 '제한시간' 변수를 만듭니다.

❼ 📟 확장 ─ 메인보드 ─ 📟 마이크로비트 (마이크로비트)를 선택합니다.

>> 프로그래밍 하기

곰이 마우스를 따라 움직이고 달이 곰에 닿으면 초승달이 좌우로 흔들립니다.

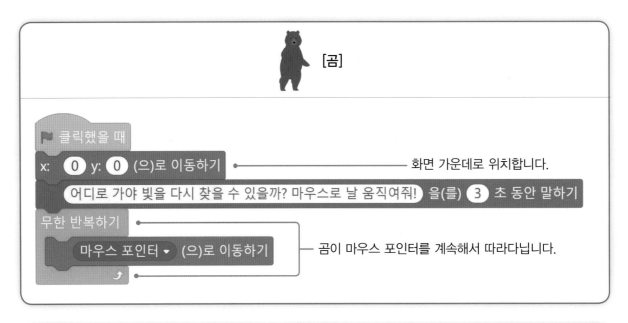

[곰]

🏴 클릭했을 때
x: 0 y: 0 (으)로 이동하기 ————————————— 화면 가운데로 위치합니다.
어디로 가야 빛을 다시 찾을 수 있을까? 마우스로 날 움직여줘! 을(를) 3 초 동안 말하기
무한 반복하기
　마우스 포인터 ▾ (으)로 이동하기 ———— 곰이 마우스 포인터를 계속해서 따라다닙니다.

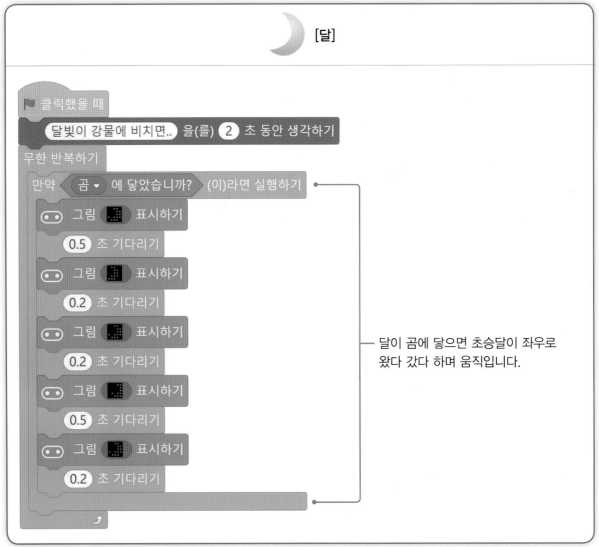

[달]

🏴 클릭했을 때
달빛이 강물에 비치면.. 을(를) 2 초 동안 생각하기
무한 반복하기
　만약 〈 곰 ▾ 에 닿았습니까? 〉 (이)라면 실행하기
　　그림 ■ 표시하기
　　0.5 초 기다리기
　　그림 ■ 표시하기
　　0.2 초 기다리기
　　그림 ■ 표시하기
　　0.2 초 기다리기
　　그림 ■ 표시하기
　　0.5 초 기다리기
　　그림 ■ 표시하기
　　0.2 초 기다리기

달이 곰에 닿으면 초승달이 좌우로 왔다 갔다 하며 움직입니다.

2 캠프파이어의 불빛 모양 LED 켜기

≫ 준비 하기

❶ 🐱 – 모두 – ⭐| 'Wand'를 추가합니다.

❷ 추가한 스프라이트를 선택하고, 스프라이트의 이름을 '캠프파이어'로 변경한 뒤
🖌 모델 을 선택합니다.

❸ 캠프파이어 모양으로 바꾸기 위해 이미지의 별 부분을 ➤(선택)을 눌러 선택하고
🗑 삭제 메뉴를 누르거나 Delete 키를 눌러 지웁니다.

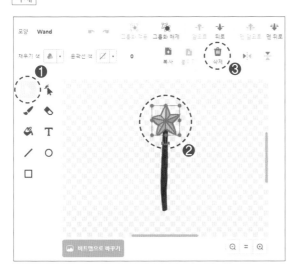

❹ 이미지의 나무 부분을 ➤(선택)을 눌러 선택하고 📄복사, 📄붙이기를 누르거나 키보드의
Ctrl + C(복사), Ctrl + V(붙여넣기)를 눌러서 여러 개로 만들어 캠프파이어 모양을 만
들고 펜을 눌러 불 모양을 그려 넣습니다.

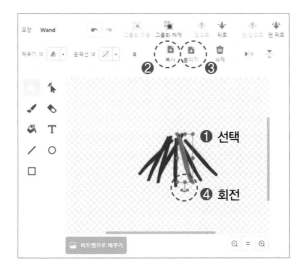
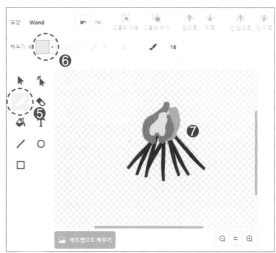

>> 프로그래밍 하기

곰에 닿으면 캠프파이어의 불꽃 모양을 LED 디스플레이에 출력합니다.

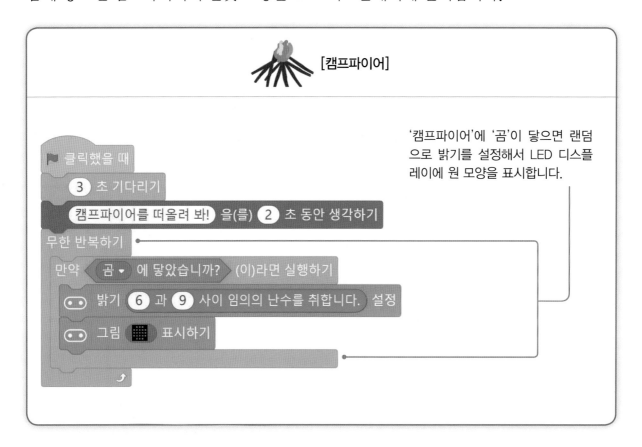

[캠프파이어]

'캠프파이어'에 '곰'이 닿으면 랜덤으로 밝기를 설정해서 LED 디스플레이에 원 모양을 표시합니다.

dot screen

블록을 이용해서 원 모양을 그려 보세요.

만약 프로그램을 열었을 때, 그림 ● 표시하기 처럼 표시되면 프로그래밍 버전이 업그레이드되기 전 상태이므로 온라인 상태에서 dot screen을 입력해서 넣어 주어야 합니다.

3 집 주변 밝기에 따라 LED 켜고 끄기

>> 준비하기

❶ 😺 – 모두 – 🏠 'Home Button'을 추가합니다.

❷ 추가한 스프라이트를 선택하고, ✏️ 모델 을 선택합니다.

❸ 집 모양으로 바꾸기 버튼의 배경 부분을 🪣 (채우기 색)을 눌러 선택하고, / (투명)
색으로 칠해 없애 줍니다.

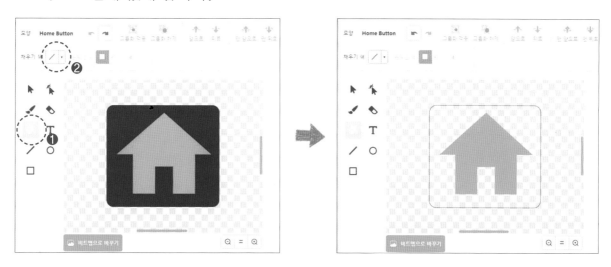

>> 프로그래밍하기

곰에 닿으면 주변 밝기에 따라 LED를 켜거나 끕니다(기준값 120).

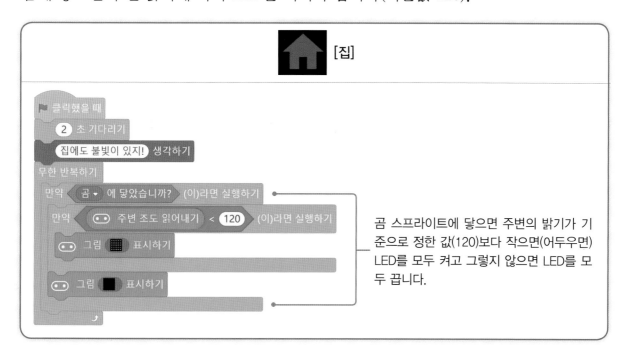

곰 스프라이트에 닿으면 주변의 밝기가 기준으로 정한 값(120)보다 작으면(어두우면) LED를 모두 켜고 그렇지 않으면 LED를 모두 끕니다.

이야기 배경 만들기

부록 141, 143쪽의 도안을 활용하세요.

무대 및 집 전개도 도안, 마이크로비트, 기름종이, 자, 가위(칼), 풀 등을 준비합니다.

① 무대 도안, 집 전개도, 기름종이, 자, 가위 (칼), 풀을 준비합니다.

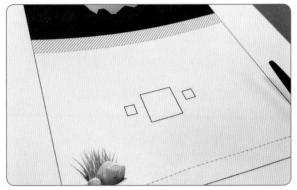

② 무대 도안과 집 전개도를 가위로 오립니다.

③ 무대를 점선대로 접어서, ▨▨▨ 부분에 풀칠하여 모양을 만듭니다.

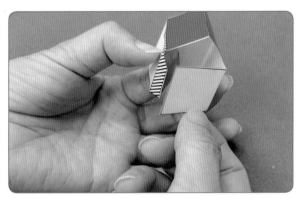

④ 집 전개도를 점선대로 접고 풀칠하여 집을 만듭니다.

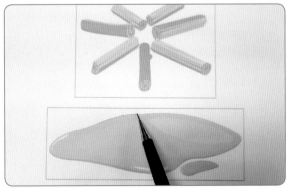

⑤ 호수와 캠프파이어 도안 위에 기름종이를 대고 따라 그립니다.

⑥ 마이크로비트를 무대에 끼우고 기름종이를 올린 뒤 완성합니다.

4 프로그램 실행하고 개선 방법 생각해 보기

 실행이 잘 되지 않았다면  코너를 읽어본 후, 해결해 봅시다.

캠프파이어를 표현할 때 마이크로비트의 LED가
랜덤으로 하나씩 꺼지도록 할 수 없을까요?

 의 LED의 x, y좌표를
 로 변경해 보세요.

'곰' 스프라이트가 '집' 스프라이트에 닿았는데
마이크로비트의 LED 디스플레이가 켜지지
않아요.

마이크로비트의 LED(빛 센서)를 손으로 가려서 어둡게
하거나, 기준값인 120보다 더 작은 숫자로 바꿔서 변화를
확인해 보세요.

한 걸음 더

이 활동은 학습 시간이 남은 학생이거나 가정에서 별도 학습을 하고자 하는 학생들을 위한 공간입니다.

▶ 새로운 스프라이트 ☆'Star'가 곰에 닿으면 입력한 버튼에 따라 별빛이 좌우로 움직이는 모양을 LED 디스플레이에 출력해 봅시다.

❶ A버튼을 눌렀을 때 별빛이 오른쪽에서 왼쪽으로 움직이도록 만들어 보세요.

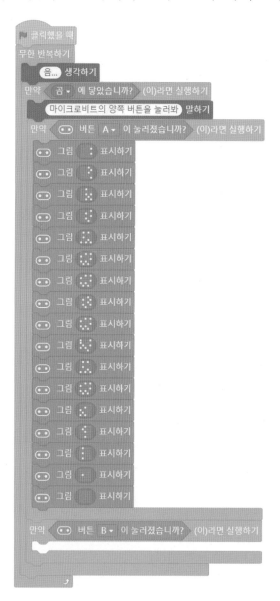

❷ ❶에서 A버튼을 눌렀을 때 실행되는 명령 블록을 참고해서 B버튼을 눌렀을 때 별빛이 왼쪽에서 오른쪽으로 움직이도록 명령 블록을 수정해 보세요.

노젓기 원리를 배울 수 있는
게임을 만들고 싶어요.
어떻게 하면 좋을까요?

활동 9

고양이가 노를 저어요

마이크로비트의 가속도 센서로
해결할 수 있습니다.

학습 목표

❶ 가속도 센서의 쓰임을 압니다.

❷ 가속도 센서로 노젓기 게임을 만들 수 있습니다.

준비물

마이크로비트

USB 케이블

골판지

색지 또는 이면지

1 해결 과제 알아보기

노젓기 원리를 배우기 위해 경선이가 해결해야 할 과제는 무엇인지 알아봅시다.

과학관에서 노젓기 체험을 하게 된 경선이가 마이크로비트로 노젓기 원리를 배울 수 있는
놀이 장치를 만들 수 있는 방법은 무엇일까요?

2 해결 방안 생각하기

노젓는 동작을 게임에 입력할 수 있도록 마이크로비트 가속도 센서를 이용하여 해결해 봅시다.

실제 노를 저었을 때 게임에서 스프라이트가 움직이게 하려면 어떻게 해야 할까?

마이크로비트의 가속도 센서가 노젓는 동작을 감지할 거야.

마이크로비트의 가속도 센서를 알아볼까요?

마이크로비트 뒷면에는 가속도 센서가 있습니다. 가속도 센서로 마이크로비트의 기울어진 방향을 알 수 있습니다. 그리고 마이크로비트가 흔들리고 있는지, 얼마나 세게 흔들리고 있는지도 확인할 수 있습니다.

 생각하며 배우기   작용·반작용의 원리

배 위에서 노를 저으면 배는 노를 젓는 방향의 반대 방향으로 향합니다. 그리고 노를 빨리 저으면 노가 많은 양의 물을 뒤로 밀어내면서 배가 나아가는 속도 역시 빨라집니다.
이렇게 노를 저었을 때 배가 나아가는 현상에서 작용·반작용의 원리를 발견할 수 있습니다. 작용·반작용의 원리는 한 물체가 다른 물체에 힘을 작용하면, 다른 물체에도 크기는 같으나 방향이 반대인 힘이 작용하는 것을 말합니다. 좀 더 쉬운 예를 들자면 내가 손바닥을 벽에 대고 손으로 미는 것은 작용, 밀었을 때 내가 반대로 밀리는 것은 반작용입니다.

작용   반작용

3 나의 생각 프로그래밍하기

해결 방안을 이용하여 마이크로비트의 가속도 센서값에 따라 고양이가 움직이는 프로그램을 만들어 봅시다

프로그램 순서 나열해 보기

1 튜브 탄 고양이 스프라이트 만들기

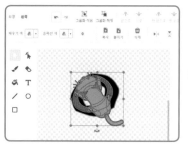

2 가속도 센서로 고양이 움직이기

3 강물이 흐르는 것처럼 보이도록 바위 움직이기

명령어 블록 알아보기

마이크로비트의 가속도 센서를 사용한 노젓기 프로그램에 필요한 명령어 블록입니다.

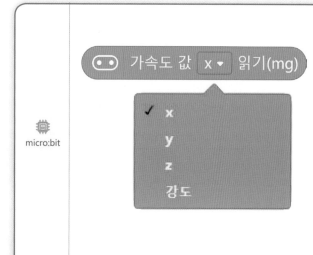

micro:bit

- 마이크로비트가 오른쪽이나 왼쪽으로 기울 때마다 변하는 x값을 읽습니다.
- 마이크로비트의 로고(⬤)가 하늘 방향이나 땅 방향으로 기울 때마다 변하는 y값을 읽습니다.
- 마이크로비트가 앞면 방향으로 나아갈 때와 뒷면 방향으로 나아갈 때마다 변하는 z값을 읽습니다.

연산

- 두 판단이 모두 참이면 '참'으로 판단합니다.

차근차근 프로그래밍하기 — 예제 주소 https://url.kr/YSLgny

1 튜브 탄 고양이 스프라이트 만들기

>> 준비 하기

❶ 🐱 – ⭕ 'Block-O'를 추가하고, 이름을 '튜브 탄 고양이'로 바꿉니다.

스프라이트	튜브 탄 고양이	↔ x	-1	↕ y	-47
보이기	◉ ∅	크기	100	방향	90

❷ [✏️모델] – ■ ▾ (채우기 색-빨간색(색상: 0, 채도: 100, 명도: 100)) – 🪣 (채우기 색) 버튼을 선택하여 다음 부분을 빨간색으로 채웁니다.

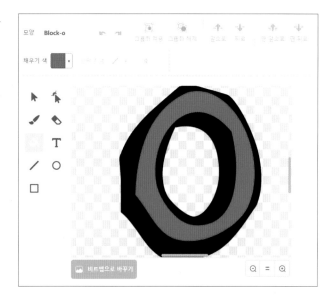

❸ [✏️모델] – 🐱 (스프라이트 선택) – 🐭'Cat 2'를 추가한 뒤, 이미지 전체를 드래그하고 🖼️(그룹화 적용)을 눌러 하나의 이미지로 만듭니다.

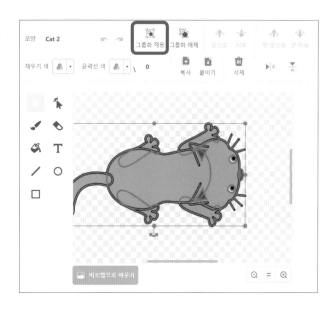

❹ 📋(복사) – ⭕ 1 Block-o 68 x 80 – 📋(붙이기)를 눌러 'Block-O' 스프라이트 위에 붙입니다.

❺ Alt 키를 누른 채 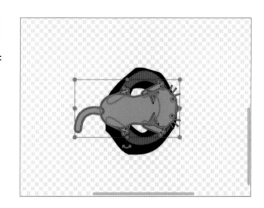'Cat 2' 스프라이트 크기를 조절하여 고양이가 튜브 위에 올라탄 모양새를 만듭니다.

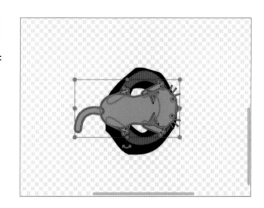

❻ 이미지 전체를 드래그하여 선택한 뒤, 아래 화살표를 움직여 고양이가 왼쪽을 바라보게 합니다. 모양 이름을 '왼쪽'으로 바꾸고, '왼쪽' 스프라이트를 마우스 오른쪽 버튼을 눌러 복사합니다.

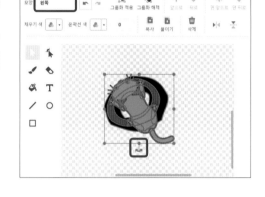

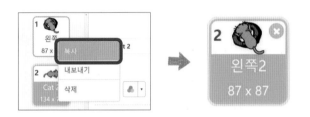

❼ ❻의 과정을 따라 아래 화살표를 움직여 고양이가 오른쪽을 바라보게 합니다. 모양 이름을 '오른쪽'으로 바꾸고, 남아 있는 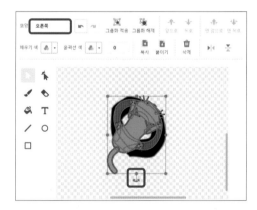'Cat 2' 스프라이트를 삭제합니다.

2 가속도 센서로 고양이 움직이기

≫ 준비하기

❶ ⬚ – 실외 – ⬚ 'Blue Sky2'를 추가합니다.

❷ ⬚ – 메인보드 – ⬚(마이크로비트)를 선택합니다.

❸ ◀》사운드 – ◀》(사운드 고르기) – 효과 – ◀》 'Win'을 선택합니다.

>> 프로그래밍 하기

튜브 탄 고양이가 화면 아래로 조금씩 떠내려가다가 노를 저으면 노를 젓는 반대 방향을 향해 강물을 거슬러 올라가게 합니다.

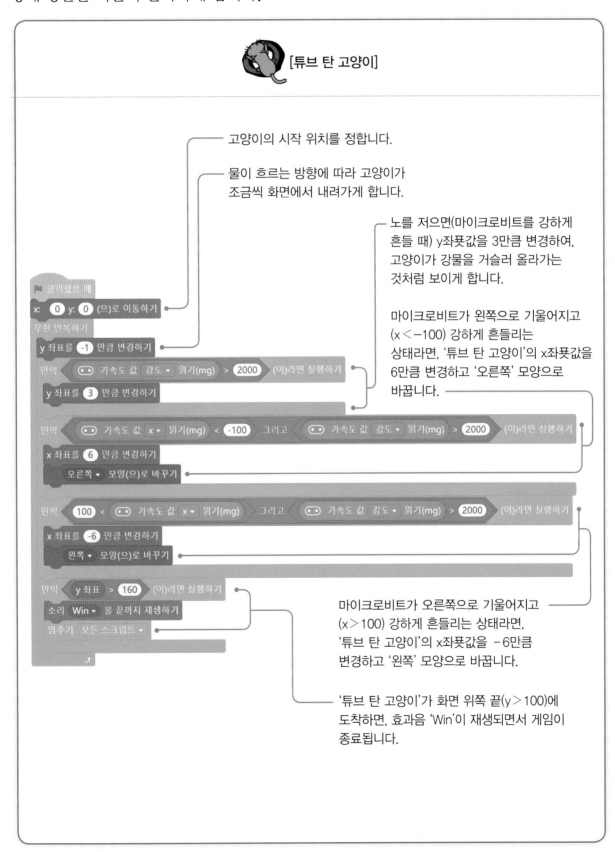

[튜브 탄 고양이]

고양이의 시작 위치를 정합니다.

물이 흐르는 방향에 따라 고양이가 조금씩 화면에서 내려가게 합니다.

노를 저으면(마이크로비트를 강하게 흔들 때) y좌푯값을 3만큼 변경하여, 고양이가 강물을 거슬러 올라가는 것처럼 보이게 합니다.

마이크로비트가 왼쪽으로 기울어지고 (x < −100) 강하게 흔들리는 상태라면, '튜브 탄 고양이'의 x좌푯값을 6만큼 변경하고 '오른쪽' 모양으로 바꿉니다.

마이크로비트가 오른쪽으로 기울어지고 (x > 100) 강하게 흔들리는 상태라면, '튜브 탄 고양이'의 x좌푯값을 −6만큼 변경하고 '왼쪽' 모양으로 바꿉니다.

'튜브 탄 고양이'가 화면 위쪽 끝(y > 100)에 도착하면, 효과음 'Win'이 재생되면서 게임이 종료됩니다.

≫ 준비 하기

❶ 🐱 – 🪨 'Rocks' 스프라이트를 선택합니다.

❷ 🔊 사운드 – 🔊 – 🔊 Win 'Oops'를 선택합니다.

≫ 프로그래밍 하기

① 바위가 움직이게 하기

강물이 흐르는 효과를 주기 위해 바위가 화면 아래쪽에서 랜덤하게 나타나 화면 위로 계속 움직이게 합니다. 그리고 고양이가 바위에 부딪히면 게임이 종료되게 합니다.

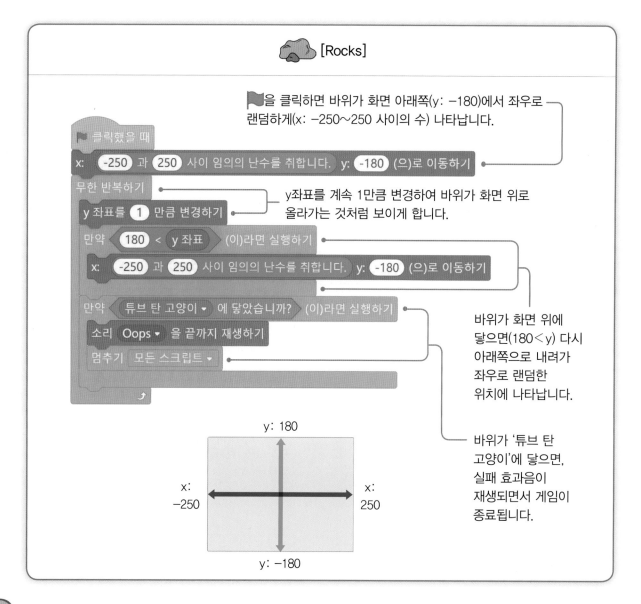

🪨 [Rocks]

🏴을 클릭하면 바위가 화면 아래쪽(y: −180)에서 좌우로 랜덤하게(x: −250~250 사이의 수) 나타납니다.

y좌표를 계속 1만큼 변경하여 바위가 화면 위로 올라가는 것처럼 보이게 합니다.

바위가 화면 위에 닿으면(180<y) 다시 아래쪽으로 내려가 좌우로 랜덤한 위치에 나타납니다.

바위가 '튜브 탄 고양이'에 닿으면, 실패 효과음이 재생되면서 게임이 종료됩니다.

y: 180

x: −250   x: 250

y: −180

② 크고 작은 바위가 여러 개 나타나게 하기

- 🪨 'Rocks' 스프라이트를 마우스 오른쪽 버튼을 눌러 두 개 복사합니다.

- 🪨 'Rocks2' 스프라이트의 크기를 50으로,
Rocks2

  🪨 'Rocks3' 스프라이트의 크기를 30으로
Rocks3

바꿉니다.

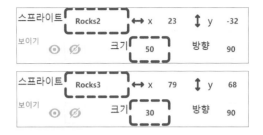

🚩를 클릭했을 때 복사하여 만든 두 개의 바위가 자연스럽게 나타나는 것처럼 보이도록 나타나는 위치(y좌푯값)를 각각 다르게 합니다.

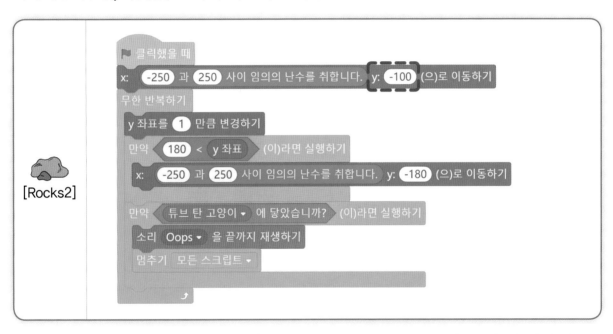

[Rocks2]

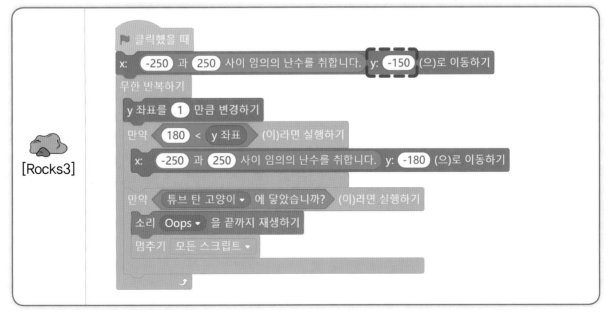

[Rocks3]

골판지, 색지나 이면지, 가위, 테이프, 필기도구를 준비합니다.

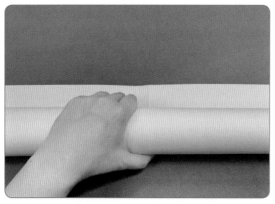

① 색지나 이면지 여러 장을 돌돌 말아 약 45cm 길이의 막대를 만듭니다.

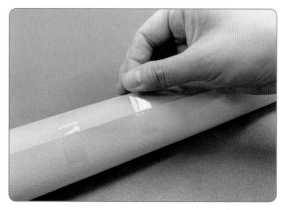

② ①에서 만든 막대가 풀리지 않게 테이프로 붙여 노의 막대 부분을 완성합니다.

③ 필기도구로 골판지에 노의 납작한 부분을 두 개 그린 후, 가위로 오립니다.

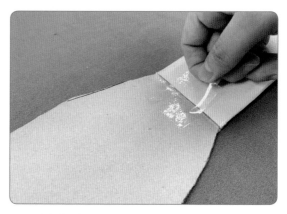

④ ③에서 만든 노의 납작한 부분을 각각 ②에서 만든 막대 부분의 양 끝에 테이프로 붙입니다.

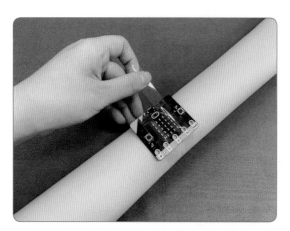

⑤ 노의 가운데에 마이크로비트를 붙여 완성합니다.

4 프로그램 실행하고 개선 방법 생각해 보기

실행이 잘되지 않았다면 Q&A 코너를 읽어본 후 해결해 봅시다.

고양이가 화면 위쪽 끝에 도착했는데 게임이 끝나지 않아요.

게임을 종료하는 조건 블록이 바르게 작성되었는지 확인해 봐요.

Rocks, Rocks2, Rocks3이 좀 더 자연스럽게 나타나게 하고 싶어요.

1 초 기다리기 블록을 추가한 뒤 각각 값을 다르게 설정하면 나타날 때 서로 시간 차이가 생기기 때문에 좀 더 자연스럽게 보일 거예요.

마이크로비트를 살짝 흔들었는데 고양이가 많이 움직이는 것 같아요. 약간 덜 움직이게 해야 할 것 같아요.

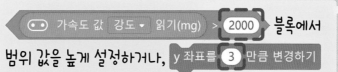

범위 값을 높게 설정하거나, y 좌표를 3 만큼 변경하기 블록에서 값을 낮춰 보세요.

한 걸음 더

이 활동은 학습 시간이 남은 학생이거나 가정에서 별도 학습을 하고자 하는 학생들을 위한 공간입니다.

▶ **고양이가 도착하여 게임이 끝나는 데 걸린 시간을 알 수 있도록 프로그램을 수정해 봅시다.**

조건

- 변수 '시간' 초깃값 지정
- ⚑를 클릭했을 때(게임이 시작되었을 때)와 동시에 시간을 측정할 수 있도록 '시간' 변수 변경

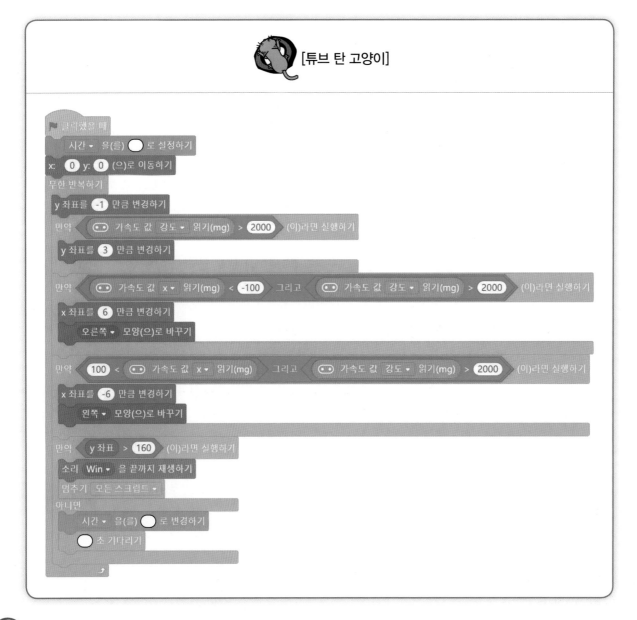

[튜브 탄 고양이]

물고기를 잡을 수 있는
낚싯대가 필요해요.
어떻게 할까요?

활동 10

낚시를 해요

마이크로비트의 가속도 센서로
낚싯대를 만들어 보자.

학습 목표

❶ 가속도 센서의 쓰임을 압니다.

❷ 가속도 센서와 버튼으로 낚시하기 게임을
만들 수 있습니다.

준비물

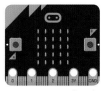
마이크로비트(2개)

USB 케이블

끈

젓가락

집게

고무줄

1 해결 과제 알아보기

물고기를 잡기 위해 성식이와 태환이가 해결해야 할 과제는 무엇인지 알아봅시다.

점심이 가까워지자 성식이와 태환이는 배가 고파왔습니다. 맛있는 물고기를 잡을 수 있다면 좋을텐데 낚싯대가 없어요. 어떻게 하면 좋을까요?

아빠, 낚싯대만 있으면 물고기를 잡을 수 있을 거 같아요. 막대에 마이크로비트를 붙여서 만들어 볼까요?

강에 낚싯대를 담그고 기다릴 때랑 잡아 올릴 때의 기울기가 다르네.

마이크로비트 낚싯대를 기울이고 기다리다 신호가 나타날 때 낚싯대를 올려 물고기를 잡아 봐!

입력

| 마리 | 0 |
| 제한시간 | 0 |

116

출력

| 마리 | 0 |
| 제한시간 | 0 |

2 해결 방안 생각하기

낚싯대의 움직임을 확인하고 물고기를 잡을 수 있도록 마이크로비트의 버튼과
가속도 센서를 이용하여 해결해 봅시다.

낚싯대가 앞, 뒤로
기울어지는 상태를
마이크로비트가
알아차릴 수 있을까?

가속도 센서를 사용하면
낚싯대가 기울어진 정도를
알 수 있어.

가속도 센서는 어디에 사용될까요?

게임 컨트롤러는 비디오 게임을 제어하는
입력 장치입니다. 최근에는 기울이거나
흔드는 동작으로 게임을 조종하는 데도
사용하고 있습니다. 이러한 게임
컨트롤러에는 가속도 센서를 비롯한
다양한 센서가 들어 있습니다.

 생각하며 배우기   **흘리지 않는 쟁반**

마이크로비트의 가속도 센서와 서보모터를 이용하면 자동으로 균형을 잡는 쟁반을 만들 수 있습니다.

마이크로비트가 수평일 때	마이크로비트가 우측으로 기울어질 때	마이크로비트가 좌측으로 기울어질 때
	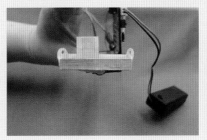	
서보모터 날개 각도 90°	서보모터 날개 각도 0°	서보모터 날개 각도 180°

3 나의 생각 프로그래밍하기

해결 방안을 이용하여 낚싯대로 물고기를 잡을 수 있도록 프로그램을 만들어 봅시다.

프로그램 순서 나열해 보기

1 가속도 센서(x축)의 값 확인하기

2 물고기 신호 나타내기

3 물고기 잡기

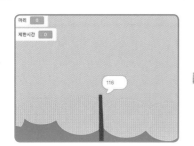
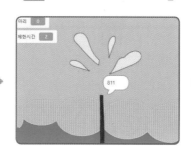
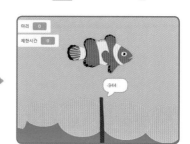

명령어 블록 알아보기

마이크로비트 버튼과 가속도 센서를 활용한 낚시 프로그램에 필요한 명령어 블록입니다.

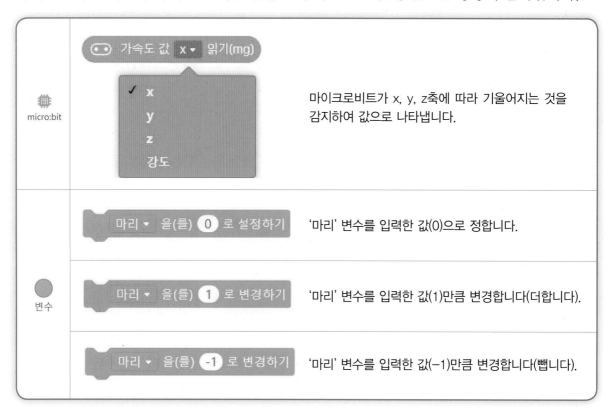

micro:bit	가속도 값 x ▼ 읽기(mg)	마이크로비트가 x, y, z축에 따라 기울어지는 것을 감지하여 값으로 나타냅니다.
변수	마리 ▼ 을(를) 0 로 설정하기	'마리' 변수를 입력한 값(0)으로 정합니다.
	마리 ▼ 을(를) 1 로 변경하기	'마리' 변수를 입력한 값(1)만큼 변경합니다(더합니다).
	마리 ▼ 을(를) -1 로 변경하기	'마리' 변수를 입력한 값(-1)만큼 변경합니다(뺍니다).

낚싯대 만들기

마이크로비트, 젓가락(긴 막대), 끈, 고무줄, 집게, 가위 등을 준비합니다.

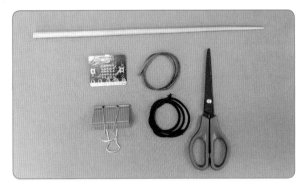

① 마이크로비트, 젓가락, 끈, 고무줄, 집게, 가위를 준비합니다.

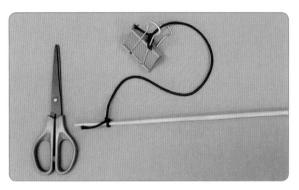

② 고무줄을 적당한 길이로 잘라 한쪽 끝은 젓가락에 묶고 나머지 안쪽 끝은 집게에 묶습니다.

③ 마이크로비트의 핀 5개의 각 구멍에 끈을 끼워 넣고 젓가락을 감싸면서 고정시킵니다.

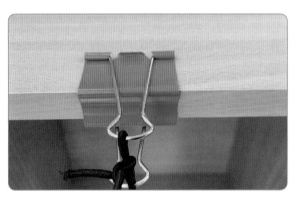

④ 낚시 게임을 할 주변 책상 등에 집게를 고정합니다.

⑤ 마이크로비트를 기울여 보면서 단단하게 고정되었는지 확인합니다.

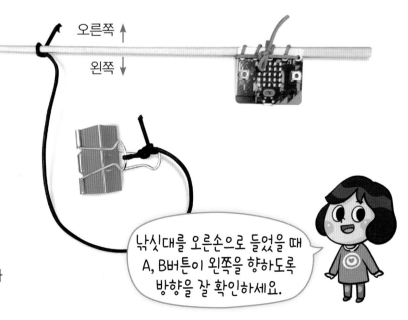

오른쪽 ↑
왼쪽 ↓

낚싯대를 오른손으로 들었을 때 A, B버튼이 왼쪽을 향하도록 방향을 잘 확인하세요.

≫ 준비 하기

❶ [ ] – 실외 – [ ] 'Blue Sky'를 추가한 뒤, [배경]을 선택합니다.

❷ ▶ (선택)을 누르고 바꾸려는 대상을 선택하여 [맨 앞으로]으로 그림의 순서를 바꾼다.

❸ ◈ (채우기 색) – [ ] 색으로 바꾸어 물을 표현한 뒤, 윤곽선의 색을 투명하게 선택합니다. 모두 물로 표현할 때까지 이 과정을 반복합니다.

배경에서 물 모양으로 색 바꾸는 방법

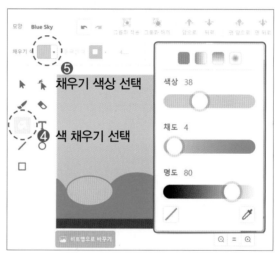

❹ [ ] – [ ] 'Broom'을 추가한 뒤, 속성 창에서 x: 0, y: −300, 크기: 200, 방향: 0으로 설정합니다.

❺ [ ] – 메인보드 – [마이크로비트] (마이크로비트)를 선택합니다.

≫ 프로그래밍 하기

마이크로비트를 부착한 낚싯대를 고정시키고 앞, 뒤로 기울일 때마다 달라지는 가속도 센서(X축) 값을 스프라이트의 말풍선으로 반복해서 말합니다.

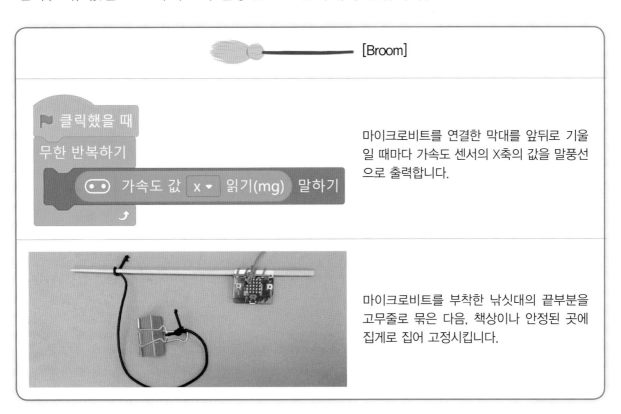

[Broom]

🏁 클릭했을 때 무한 반복하기 　　　가속도 값 ⟨ x ▾ ⟩ 읽기(mg) 말하기	마이크로비트를 연결한 막대를 앞뒤로 기울일 때마다 가속도 센서의 X축의 값을 말풍선으로 출력합니다.
	마이크로비트를 부착한 낚싯대의 끝부분을 고무줄로 묶은 다음, 책상이나 안정된 곳에 집게로 집어 고정시킵니다.

선생님 도와주세요 낚싯대를 어느 방향으로 움직여야 되나요?

마이크로비트의 앞면이 왼쪽에 보이도록 낚싯대를 들고 위아래로 기울였다 올리면서 가속도 센서(X축) 값을 측정합니다.

마이크로비트 움직이기	낚싯대 움직이기	가속도 센서(X축) 값
낚싯대를 아래로 내렸을 때		900 ～ 700
낚싯대를 위로 들어 올렸을 때		−700 ～ −900

※ 마이크로비트를 연결한 가속도 센서 X축 값의 범위는 비슷하지만, 측정값은 조금씩 다를 수 있습니다.

2 물고기 신호 나타내기

≫ 준비 하기

❶ 🐱 – 모두 – Clouds 'Clouds'를 추가합니다.

❷ 추가한 스프라이트를 선택하고, 🖌 모델 을 선택합니다.

❸ 이미지의 각 부분을 ▶ (선택)으로 선택하여 분리 후 회전시켜서 배치합니다.

❹ 선택한 모양의 색을 바꾸고 회전시켜 물이 튀는 이미지로 바꿉니다.

❺ 🔵 – 변수 새로 만들기 를 선택하고, '제한시간' 변수를 만듭니다.

'Clouds' 스프라이트를 물 튀는 모양으로 변경하는 방법

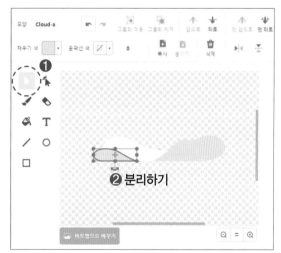

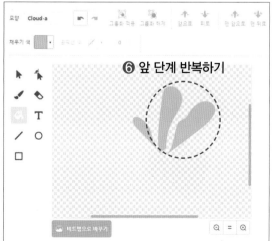

≫ 프로그래밍 하기

낚싯대를 기울이고 2초를 기다리면 미끼를 문 신호를 보여 주며 물고기를 잡을 수 있는 제한 시간을 줍니다.

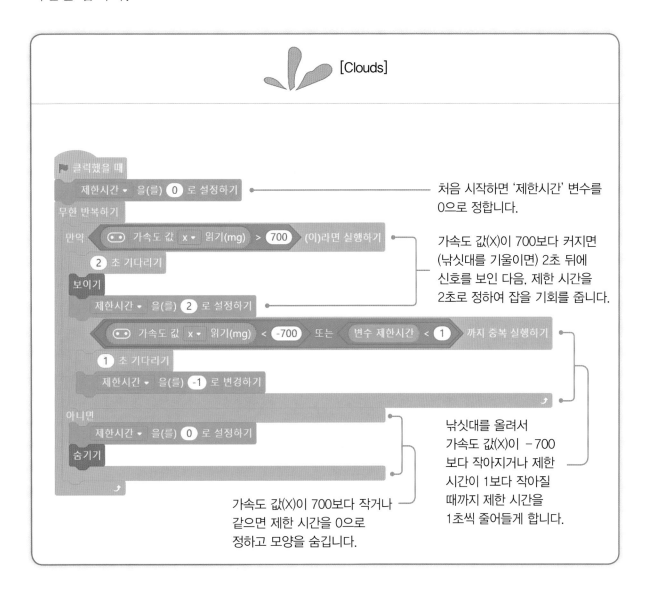

[Clouds]

┌─ 클릭했을 때
│ 제한시간 ▾ 을(를) 0 로 설정하기 ────────────── 처음 시작하면 '제한시간' 변수를 0으로 정합니다.
│ 무한 반복하기
│   만약 (⦿⦿ 가속도 값 x ▾ 읽기(mg) > 700) (이)라면 실행하기 ── 가속도 값(X)이 700보다 커지면
│   2 초 기다리기   (낚싯대를 기울이면) 2초 뒤에
│   보이기   신호를 보인 다음, 제한 시간을
│   제한시간 ▾ 을(를) 2 로 설정하기 ─────────────   2초로 정하여 잡을 기회를 줍니다.
│   (⦿⦿ 가속도 값 x ▾ 읽기(mg) < -700) 또는 (변수 제한시간 < 1) 까지 중복 실행하기
│   1 초 기다리기
│   제한시간 ▾ 을(를) -1 로 변경하기
│   아니면
│   제한시간 ▾ 을(를) 0 로 설정하기
│   숨기기

낚싯대를 올려서 가속도 값(X)이 -700 보다 작아지거나 제한 시간이 1보다 작아질 때까지 제한 시간을 1초씩 줄어들게 합니다.

가속도 값(X)이 700보다 작거나 같으면 제한 시간을 0으로 정하고 모양을 숨깁니다.

낚싯대를 기울인 채 얼마나 기다리게 할 것인지 랜덤으로 정해도 좋아요.

3 물고기 잡기

≫ 준비 하기

① 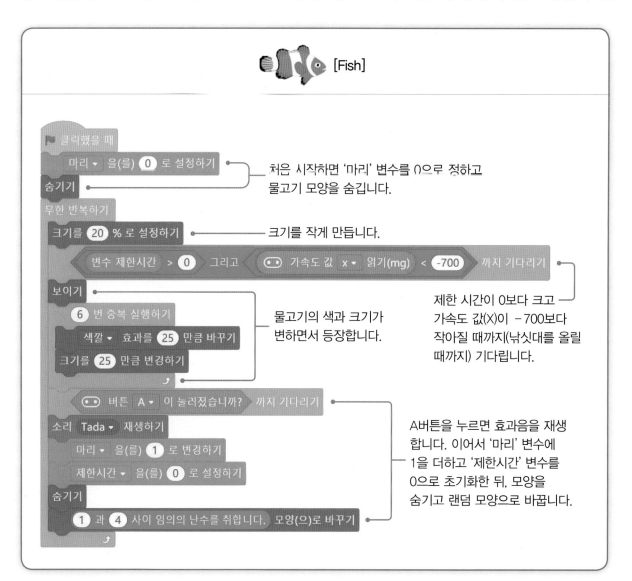— 동물 — 🐟 'Fish'를 추가합니다.

② ◀)) 사운드 메뉴를 선택하고, 🔊(사운드 고르기)– 효과 – 🔊 Tada 'Tada'를 추가합니다.

③ ● 변수 – 변수 새로 만들기 를 선택하고, 잡은 물고기 수를 저장할 '마리' 변수를 만듭니다.

≫ 프로그래밍 하기

낚싯대를 올리면 물고기가 나타나고 A버튼을 눌러 '마리' 변수에 잡은 수를 저장합니다.

🐟 [Fish]

```
클릭했을 때
마리 ▾ 을(를) 0 로 설정하기
숨기기
무한 반복하기
  크기를 20 % 로 설정하기
  변수 제한시간 > 0 그리고 🔲 가속도 값 x ▾ 읽기(mg) < -700 까지 기다리기
  보이기
  6 번 중복 실행하기
    색깔 ▾ 효과를 25 만큼 바꾸기
    크기를 25 만큼 변경하기
  🔲 버튼 A ▾ 이 눌러졌습니까? 까지 기다리기
  소리 Tada ▾ 재생하기
  마리 ▾ 을(를) 1 로 변경하기
  제한시간 ▾ 을(를) 0 로 설정하기
  숨기기
  1 과 4 사이 임의의 난수를 취합니다. 모양(으)로 바꾸기
```

처음 시작하면 '마리' 변수를 0으로 정하고 물고기 모양을 숨깁니다.

크기를 작게 만듭니다.

제한 시간이 0보다 크고 가속도 값(X)이 -700보다 작아질 때까지(낚싯대를 올릴 때까지) 기다립니다.

물고기의 색과 크기가 변하면서 등장합니다.

A버튼을 누르면 효과음을 재생합니다. 이어서 '마리' 변수에 1을 더하고 '제한시간' 변수를 0으로 초기화한 뒤, 모양을 숨기고 랜덤 모양으로 바꿉니다.

4 프로그램 실행하고 개선 방법 생각해 보기

마이크로비트를 연결해 만든 낚싯대를 기울이는 정도에 따라 물고기를 기다리거나 잡을 수 있나요?

2초마다 물고기 신호가 오니까 물고기가 나타날 때를 예상할 수 있다는 점이 아쉬워요. 물고기가 등장하는 시간을 2초마다 나타나지 않고 아무 때나 나타나게 만들 수 있을까요?

'Clouds' 스프라이트에서 '2초 기다리기' 명령의 숫자를

연산 – 1 과 10 사이 임의의 난수를 취합니다. 를 사용해

랜덤 값으로 변경할 수 있어요.

```
만약  가속도 값 x ▾ 읽기(mg) > 700  (이)라면 실행하기
    2 초 기다리기
    제한시간 ▾ 을(를) 2 로 설정하기
```

낚싯대를 기울이고 기다려도 물고기 신호가 나타나지 않아요.

마이크로비트의 기울어진 방향이 B버튼 쪽인지 확인해 보세요.

한 걸음 더

이 활동은 학습 시간이 남은 학생이거나 가정에서 별도 학습을 하고자 하는 학생들을 위한 공간입니다.

▶ 물고기가 아닌 엉뚱한 물건이 나오면 감점이 되도록 프로그램을 수정해 봅시다.

❶ 낚싯대를 올렸을 때 'Fish' 스프라이트에 물고기가 아닌 다른 모양(예 'Hat-a') 이 나오게 하려면 어떻게 해야 할까요?

| 1 Fish-a 114 x 66 | 2 Fish-b 125 x 70 | 3 Fish-c 110 x 77 | 4 Fish-d 98 x 85 | + | 5 Hat-a 74 x 60 |

❷ A버튼을 눌렀을 때, 모양이 5번(모자)이면 '마리' 변수를 1만큼 빼고, 모자가 아니면 1만큼 더하려면 어떻게 해야 할지 아래의 코드의 빈칸을 채워 완성해 보세요.

교과 연계
수학

사용할 장치
라디오
버튼

친구와 함께 짝짓기
게임을 하고 싶어요.
좋은 방법이 없을까요?

활동 **11**

짝짓기 게임을 해요

마이크로비트의 라디오 기능으로
해결할 수 있습니다!

정답 모양 번호 4

점수 25

학습 목표

❶ 버튼과 라디오 기능을 이용하여 스프라이트의
모양을 바꿀 수 있습니다.

❷ 버튼과 라디오 기능을 이용하여 신호를 주고
받을 수 있습니다.

준비물

마이크로비트(2개)

USB 케이블

도안

1 해결 과제 알아보기

짝짓기 게임을 만들기 위해 해결해야 할 과제는 무엇인지 알아봅시다.

햇님이가 혼자서 짝짓기 게임을 하고 있어요. 그런데 혼자서 같은 모양 짝짓기 게임을 하니까 재미가 없어요. 친구와 함께 할 수 있는 짝짓기 게임이 없을까요?

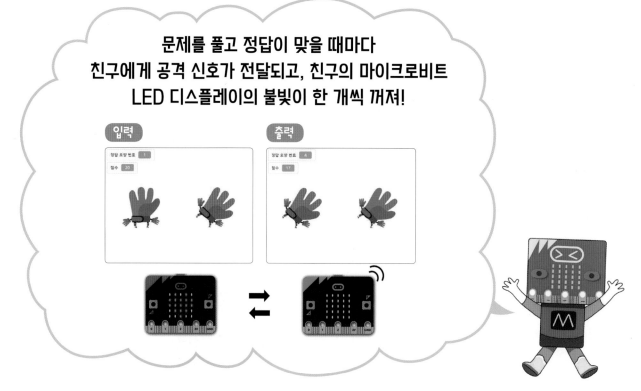

2 해결 방안 생각하기

짝짓기 게임을 할 수 있도록 마이크로비트의 라디오 기능과 버튼을 이용하여 해결해 봅시다.

정답을 맞출 때마다 상대방을 공격하는 기능은 어떻게 만들어야 할까?

공격 신호는 어떻게 보내고 받을까?

라디오 기능을 하는 장치는 어디에 있을까요?

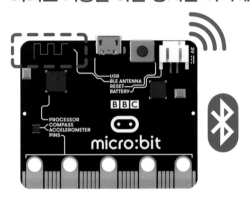

마이크로비트 뒷면에 있는 라디오&블루투스 안테나는 라디오 기능이 있어서 다른 마이크로비트와 신호를 주고받을 수 있습니다. 그리고 블루투스 기능도 있어서 블루투스 기능이 있는 다른 장치와 통신할 수 있습니다.

 생각하며 배우기　　**마이크로비트의 라디오 기능**

마이크로비트의 라디오 기능을 이용하면 다른 마이크로비트들과 통신하여 여러 가지 다양한 프로그램을 만들 수 있습니다. 랜덤으로 신호를 주고받아 예측할 수 없는 복불복 게임을 만들거나 모터를 연결하여 움직이는 마이크로비트를 만들 수 있습니다. 또 마이크로비트를 조종할 수 있는 마이크로비트를 만들어 재미있는 놀이를 할 수도 있습니다.

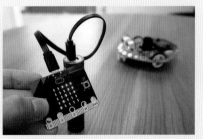

3 나의 생각 프로그래밍하기

해결 방안을 이용하여 짝짓기 게임 프로그램을 만들어 봅시다.

프로그램 순서 나열해 보기

1 랜덤으로 맞출 모양 보여 주기

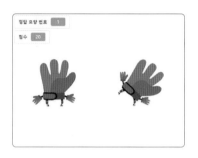

2 모양을 바꾸거나 정답 맞추기

A버튼을 눌러 모양을 바꾸거나
B버튼을 누르고 문제를 풀어
친구와 공격 신호 보내고 받기

명령어 블록 알아보기

마이크로비트의 라디오 기능과 버튼을 이용한 짝짓기 게임 프로그램에 필요한 명령어 블록입니다.

micro:bit 블록	설명
1 과 10 사이 임의의 난수를 취합니다.	입력한 두 수 사이에서 선택된 랜덤 수의 값을 취합니다.
A ▾ 버튼이 눌러졌을 때	버튼이 눌러졌을 때 아래 명령어 블록을 실행합니다.
오프라인 채널을 7 로 설정하기	오프라인 통신의 채널 번호를 설정합니다. 마이크로비트 간의 송수신은 같은 채널을 사용해야만 가능합니다.
열기 ▾ 오프라인 통신	오프라인 통신으로 데이터를 주고받습니다.
오프라인으로 hello 전송하기	오프라인 통신으로 문자나 숫자 등의 데이터를 전송할 때 사용합니다.
오프라인 데이터 를 수신할 때	송신용 마이크로비트에서 보내는 데이터를 수신용 마이크로비트로 수신할 때 사용합니다.

1 랜덤으로 맞출 모양 보여 주기

>> 준비하기

❶  – 스포츠 – 🧤 'Goalie'를 추가하고 스프라이트 이름을 '정답 모양'으로 바꿉니다.
스프라이트에는 네 가지 모양이 들어 있습니다.

1 🧤 모양1	2 🧤 모양2	3 🧤 모양3	4 🧤 모양4
120 x 127	120 x 127	125 x 123	128 x 126

❷ 확장 – 메인보드 – 🔲(마이크로비트)를 선택합니다.

❸ 🔊 사운드 – 🔊(사운드 고르기)– 보이스 – 🔊'Crazy Laugh'를 추가합니다.

❹ 변수 – 변수 새로 만들기 를 선택한 뒤 '점수', '정답 모양 번호' 변수를 만듭니다.

이때 만들어진 변수의 체크 칸을 눌러 체크 표시를 없애면
'점수'와 '정답 모양 번호' 변수는 실행 화면에서 보이지
않습니다.

>> 프로그래밍하기

'정답 모양 번호'를 설정하고 마이크로비트 LED 디스플레이에 점수를 출력합니다.

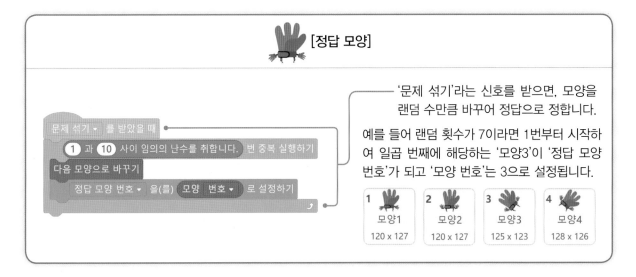

🧤 [정답 모양]

'문제 섞기'라는 신호를 받으면, 모양을 랜덤 수만큼 바꾸어 정답으로 정합니다.

예를 들어 랜덤 횟수가 7이라면 1번부터 시작하여 일곱 번째에 해당하는 '모양3'이 '정답 모양 번호'가 되고 '모양 번호'는 3으로 설정됩니다.

1 🧤 모양1	2 🧤 모양2	3 🧤 모양3	4 🧤 모양4
120 x 127	120 x 127	125 x 123	128 x 126

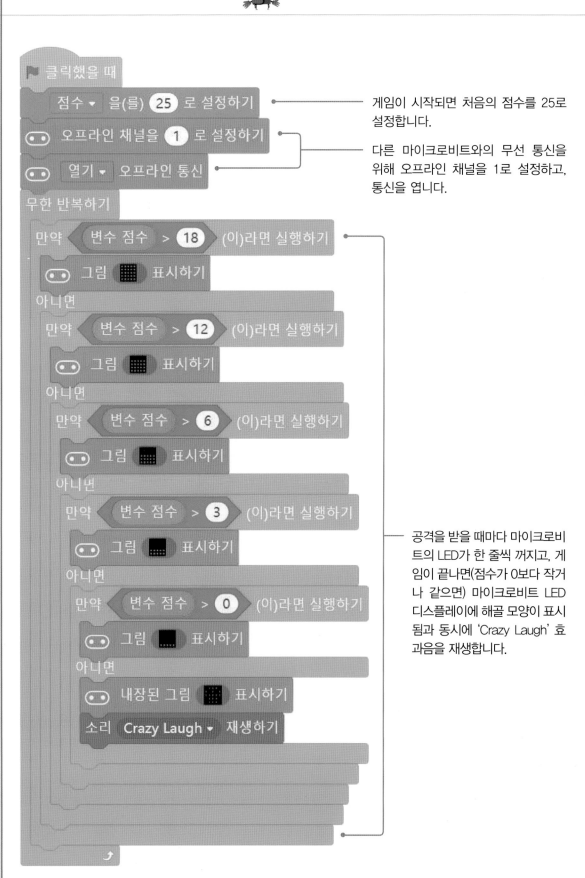

게임이 시작되면 처음의 점수를 25로 설정합니다.

다른 마이크로비트와의 무선 통신을 위해 오프라인 채널을 1로 설정하고, 통신을 엽니다.

공격을 받을 때마다 마이크로비트의 LED가 한 줄씩 꺼지고, 게임이 끝나면(점수가 0보다 작거나 같으면) 마이크로비트 LED 디스플레이에 해골 모양이 표시됨과 동시에 'Crazy Laugh' 효과음을 재생합니다.

2 모양을 바꾸거나 정답 맞추기

≫ 준비하기

❶ '정답 모양' 스프라이트를 복사한 뒤 이름을 '맞출 모양'으로 바꿉니다.

❷ 🔊 사운드 – 🔊 (사운드 고르기)– 모두 – 🔊Pop 'pop'를 선택합니다.

≫ 프로그래밍하기

정답이 맞으면 상대방에게 Attack 신호를 보내고, 정답이 틀리면 내 점수에서 1점을 뺍니다.

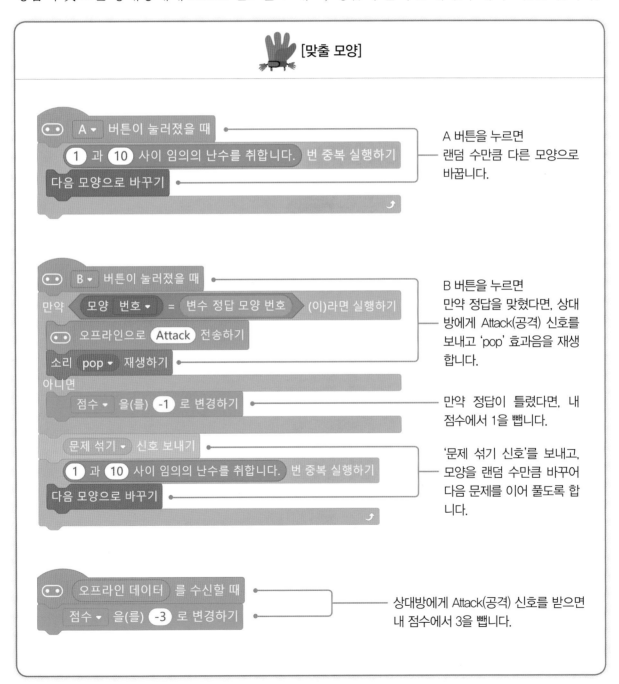

[맞출 모양]

A 버튼을 누르면 랜덤 수만큼 다른 모양으로 바꿉니다.

B 버튼을 누르면 만약 정답을 맞혔다면, 상대방에게 Attack(공격) 신호를 보내고 'pop' 효과음을 재생합니다.

만약 정답이 틀렸다면, 내 점수에서 1을 뺍니다.

'문제 섞기 신호'를 보내고, 모양을 랜덤 수만큼 바꾸어 다음 문제를 이어 풀도록 합니다.

상대방에게 Attack(공격) 신호를 받으면 내 점수에서 3을 뺍니다.

게임기 만들기

게임기 도안, 마이크로비트, 채색 도구, 가위, 칼 등을 준비합니다.

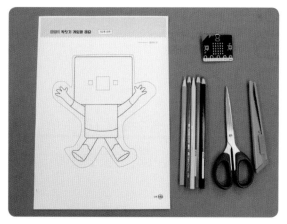

① 게임기 도안, 마이크로비트, 채색 도구, 가위, 칼을 준비합니다.

② 게임기 도안을 모양대로 오립니다.

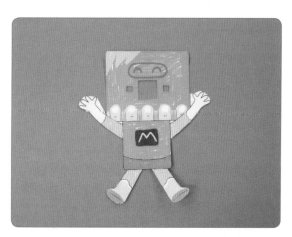

③ 게임기 도안을 채색 도구로 색칠합니다.

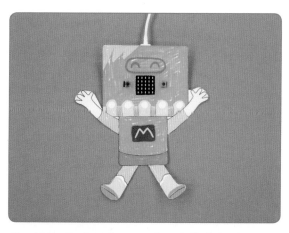

④ 마이크로비트의 LED 디스플레이와 버튼이 보이도록 게임기 도안을 마이크로비트 위에 씌웁니다.

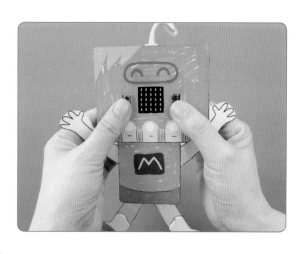

부록 145, 147쪽의 게임기 도안을 활용하세요.

 **프로그램 실행하고 개선 방법 생각해 보기**

 실행이 잘되지 않았다면 Q&A 코너를 읽어 본 후 해결해 봅시다.

정답을 맞혔을 때, 점수는 올라갔지만 맞혔다는 신호를 보여 주지 않아서 모를 때가 있어요. 정답을 맞혔다는 신호를 보여 줄 수 있을까요?

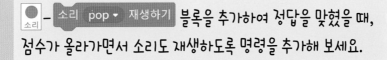 블록을 추가하여 정답을 맞혔을 때, 점수가 올라가면서 소리도 재생하도록 명령을 추가해 보세요.

 게임의 승패가 너무 빨리 결정돼요. 난이도도 바꾸고 싶어요.

정답을 맞힐 때마다 감점되는 점수의 크기를 조절(작게)하고, 정답의 모양을 몇 가지 더 추가해 보세요.

한 걸음 더

이 활동은 학습 시간이 남은 학생이거나 가정에서 별도 학습을 하고자 하는 학생들을 위한 공간입니다.

▶ 친구와 경쟁하는 게임이 아니라 함께 협력하는 게임을 만들려고 합니다. 정답을 맞힐 때마다 서로의 마이크로비트 LED가 켜지도록 프로그램을 수정해 봅시다.

조건

• '점수' 변수 초깃값 지정
• 친구와 나의 점수 모두가 올라가도록 변경

오프라인 데이터 를 수신할 때
점수 ▾ 을(를) ◯ 로 변경하기

친구들이 좋아하는 음식의 종류를 한눈에 볼 수 있는 방법은 없을까요?

활동 12

좋아하는 음식을 투표해요

마이크로비트의 라디오 기능을 이용하여 투표기를 만들어 해결할 수 있습니다!

투표함

투표용지
1번
2번
3번

학습 목표

❶ 라디오 기능의 쓰임을 압니다.

❷ 핀 입력 값에 따라 명령을 실행할 수 있는 활동을 할 수 있습니다.

준비물

마이크로비트

USB 케이블

알루미늄 테이프

도안

해결 과제 알아보기

실시간 투표기를 만들기 위해 해결해야 할 과제는 무엇인지 알아봅시다.

태환이네 반에서 좋아하는 음식에 대한 투표를 하고 있습니다. 투표 현황이 궁금한 태환이는 실시간 그래프로 투표 현황을 보고 싶은데, 좋은 방법이 없을까요?

투표용지에 도장을 찍으면 투표함의
마이크로비트가 투표 값을 받아서 모니터 화면에
투표 현황을 막대그래프로 보여 줘!

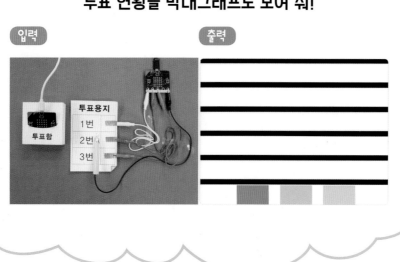

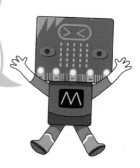

2 해결 방안 생각하기

투표 현황을 실시간 그래프로 나타낼 수 있도록 마이크로비트의 라디오 기능과
핀을 이용하여 해결해 봅시다.

투표 신호를 어떻게
보내야 할까?

투표 신호가
여러 가지라면 어떻게
받아야 할까?

마이크로비트의 핀을 알아볼까요?

마이크로비트에는 외부 장치를 연결할 수 있는 25개의 핀이 있습니다. 그중에서 0, 1, 2,
3V, GND 5개의 핀은 악어 케이블을 이용하여 쉽게 연결할 수 있지만 나머지 핀은 아주
작은 핀이나 확장 보드를 연결해서 사용해야 합니다.

0, 1, 2번핀은 외부 장치에 신호를 보낼 때 사용하고, 3V핀은 외부 장치 중 모터와 같은
전원 공급이 필요한 장치에 전원을 공급할 때 연결합니다. GND핀은 회로에 전류가
흐르도록 연결하는 접지(Ground) 역할을 합니다.

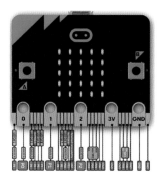

▲ 마이크로비트의 핀

▲ 확장 보드

 생각하며 배우기　　**막대그래프**

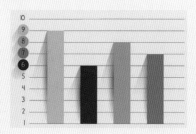

그래프는 자료를 한눈에 알아볼 수 있도록 도형이나 막대, 그림 등으로
표현한 것입니다. 이 중에서 막대로 표현한 그래프를 막대그래프라고
하는데, 각각의 막대는 각각의 자료 값을 나타냅니다. 막대그래프는
막대의 높이로 자료 값을 나타내기 때문에 각각 다른 막대의 높이로
자료 값을 간단히 비교할 수 있습니다. 또한 최댓값과 최솟값을 한눈에
알아보기도 쉽습니다.

3 나의 생각 프로그래밍하기

투표용지에 표시할 때마다 결과에 반영되는 실시간 그래프 프로그램을 만들어 봅시다.

프로그램 순서 나열해 보기

1 (송신용) 투표 값 신호를 보내는 투표용지] 만들기

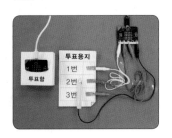

2 (수신용) 투표 값 신호를 받아 막대그래프] 출력하기

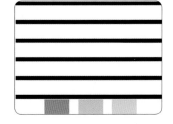

명령어 블록 알아보기

마이크로비트의 라디오 기능과 핀을 사용한 실시간 그래프 프로그램에 필요한 명령어 블록입니다.

micro:bit		
	오프라인 채널을 **7** 로 설정하기	오프라인 통신의 채널 번호를 설정합니다. 마이크로비트 간의 송수신은 같은 채널을 사용해야만 가능합니다.
	열기 ▾ 오프라인 통신	오프라인 통신으로 데이터를 주고받습니다.
	오프라인으로 **hello** 전송하기	오프라인 통신으로 문자나 숫자 등의 데이터를 전송할 때 사용합니다.
	오프라인 데이터 를 수신할 때 오프라인 데이터	송신용 마이크로비트에서 보내는 데이터를 수신용 마이크로비트로 수신할 때 사용합니다. 오프라인 데이터 블록은 오프라인 데이터를 수신할 때 오프라인 데이터 블록에서 끌어와 사용합니다.
	포트 **P0 ▾** 가 연결됐을 때	마이크로비트의 0, 1, 2번핀(P0, P1, P2핀) 중에서 선택하여 연결되었을 때 연결된 명령을 실행합니다.
	포트 **P0 ▾** 가 음표 **Low C/C3** 비트 **1 ▾** 를 재생합니다.	입력한 음을 선택한 박자(1, 1/2, 1/4, 2, 4)로 재생합니다.

1 (송신용) 투표 값 신호를 보내는 투표용지 만들기

≫ 준비하기

❶ 🐱 – 모두 – →'Arrow1' 스프라이트를 추가합니다.

❷ 📋 – 메인보드 – (마이크로비트)를 선택합니다.

❸ 투표용지 1번, 2번, 3번과 0, 1, 2번핀을 각각 순서대로 악어 케이블로 연결합니다.

≫ 프로그래밍하기 송신용 마이크로비트(송신하기)

투표용지의 번호에 도장을 찍으면 라디오 기능으로 숫자 신호를 보냅니다.

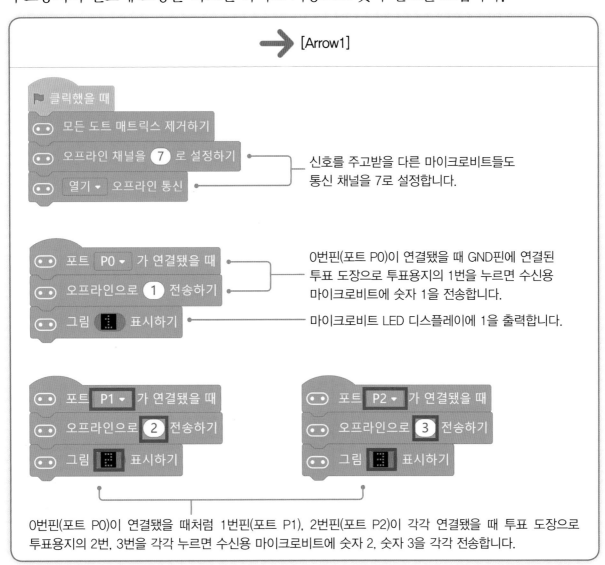

[Arrow1]

클릭했을 때
모든 도트 매트릭스 제거하기
오프라인 채널을 7 로 설정하기
열기 ▾ 오프라인 통신

신호를 주고받을 다른 마이크로비트들도 통신 채널을 7로 설정합니다.

포트 P0 ▾ 가 연결됐을 때
오프라인으로 1 전송하기
그림 ▦ 표시하기

0번핀(포트 P0)이 연결됐을 때 GND핀에 연결된 투표 도장으로 투표용지의 1번을 누르면 수신용 마이크로비트에 숫자 1을 전송합니다.
마이크로비트 LED 디스플레이에 1을 출력합니다.

포트 P1 ▾ 가 연결됐을 때
오프라인으로 2 전송하기
그림 ▦ 표시하기

포트 P2 ▾ 가 연결됐을 때
오프라인으로 3 전송하기
그림 ▦ 표시하기

0번핀(포트 P0)이 연결됐을 때처럼 1번핀(포트 P1), 2번핀(포트 P2)이 각각 연결됐을 때 투표 도장으로 투표용지의 2번, 3번을 각각 누르면 수신용 마이크로비트에 숫자 2, 숫자 3을 각각 전송합니다.

2 (수신용) 투표 값 신호를 받아 막대그래프 출력하기 ●

>> 준비 하기

❶ 🐱 – 모두 ─────'Line' 스프라이트를 추가합니다.

❷ 'Line' 스프라이트를 선택하여 🖌모델 – ■▾(채우기 색 – 검은색(색상: 0, 채도: 0, 명도: 0)) – 🪣(채우기 색)을 선택하고 'Line' 스프라이트를 검은색으로 칠합니다.

❸ 'Line' 스프라이트를 선택하여 복사를 5번 눌러 'Line'을 5개 더 만듭니다.

❹ 6개 스프라이트의 위치를 다음과 같이 입력해서 'Line' 스프라이트부터 y값이 60씩 커지도록 합니다.

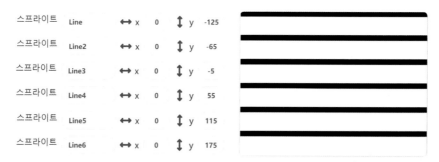

스프라이트	Line	↔ x	0	↕ y	-125
스프라이트	Line2	↔ x	0	↕ y	-65
스프라이트	Line3	↔ x	0	↕ y	-5
스프라이트	Line4	↔ x	0	↕ y	55
스프라이트	Line5	↔ x	0	↕ y	115
스프라이트	Line6	↔ x	0	↕ y	175

❺ 🐱 – 🖌(그리기) – ▮▾(채우기 색)을 선택합니다.

❻ 직사각형을 눌러 막대를 그립니다. 이때 막대를 최대한 길게 그립니다.

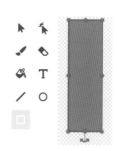

❼ 'Sprite1' 스프라이트를 선택하고 복사를 눌러 막대 모양 스프라이트를 3개 만듭니다.

❽ 막대 모양 스프라이트를 각각 드래그하여 가장 아래의 선으로 이동 시킵니다.

≫ 프로그래밍 하기 수신용 마이크로비트(수신하기)

투표 값 데이터를 받아 막대그래프의 눈금이 한 칸씩 올라가도록 만듭니다.

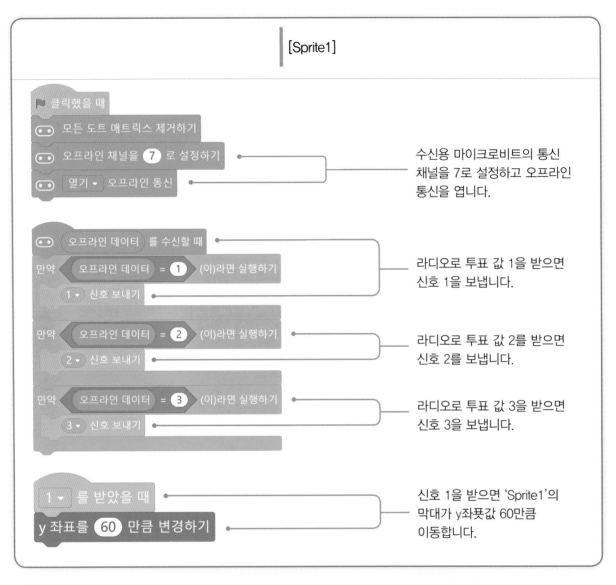

[Sprite1]

수신용 마이크로비트의 통신 채널을 7로 설정하고 오프라인 통신을 엽니다.

라디오로 투표 값 1을 받으면 신호 1을 보냅니다.

라디오로 투표 값 2를 받으면 신호 2를 보냅니다.

라디오로 투표 값 3을 받으면 신호 3을 보냅니다.

신호 1을 받으면 'Sprite1'의 막대가 y좌푯값 60만큼 이동합니다.

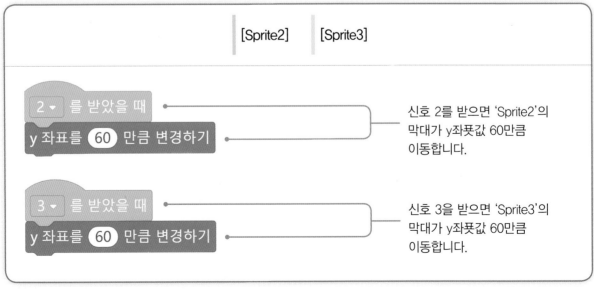

[Sprite2]   [Sprite3]

신호 2를 받으면 'Sprite2'의 막대가 y좌푯값 60만큼 이동합니다.

신호 3을 받으면 'Sprite3'의 막대가 y좌푯값 60만큼 이동합니다.

투표함과 투표용지 만들기

부록 149, 151쪽의 도안을 활용하세요.

투표함과 투표용지 도안, 마이크로비트, 알루미늄 테이프
(알루미늄 포일), 테이프, 풀, 가위, 칼 등을 준비합니다.

① 투표용지 도안을 오리고 각 번호의 오른쪽
   회색 칸에 알루미늄 테이프를 붙입니다.

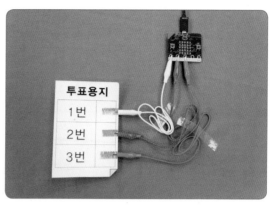

② 투표용지의 알루미늄 테이프 부분(1번, 2번,
   3번)과 마이크로비트의 핀(0번, 1번, 2번핀)을
   각각 순서대로 악어 케이블로 연결합니다.

③ 노란색 사각형 도안(151쪽)을 오려서 그 뒤
   에 악어 케이블을 올려놓고 테이프로 고정
   합니다.

④ 악어 케이블을 노란색 종이로 돌돌 감고,
   악어 케이블의 앞부분을 알루미늄 테이프
   로 감싸서 투표 도장을 만듭니다.

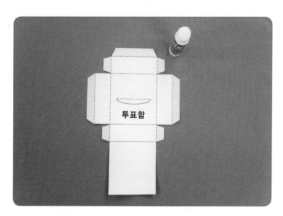

⑤ 투표함 도안을 오리고 빗금 부분을 풀칠하
   여 조립합니다.

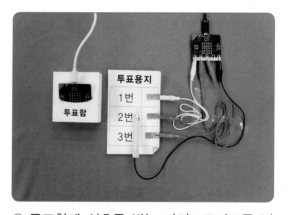

⑥ 투표함에 신호를 받는 마이크로비트를 넣
   습니다. 투표 도장을 GND에 연결합니다.

4 프로그램 실행하고 개선 방법 생각해 보기

실행이 잘되지 않았다면 Q&A 코너를 읽어 본 후 해결해 봅시다.

 실행이 잘되지 않아요.

 실행이 잘되지 않는다면 마인드 플러스(Mind+) 프로그램을 다운로드해서 오프라인 버전에서 실행해 보세요.

 투표 번호가 더 많이 필요해요.

 앞에서 배운 것처럼 마이크로비트의 0, 1, 2, 3V, GND 외의 작은 칸들도 모두 핀이에요. 하지만 악어 케이블로 연결하기에는 너무 작아서 아주 작은 핀이나 확장 보드가 필요해요. 그래서 당장 핀에 연결된 투표 번호를 더 많이 만드는 것은 쉽지 않아요. 그 대신 마이크로비트에는 우리가 이미 알고 있는 유용한 입력 장치들이 많아요.

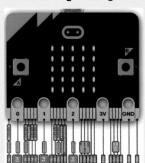

 저도 알아요. A버튼, B버튼, 빛 센서, 가속도 센서 등이 있어요.

 그렇죠! 우리가 이미 알고 있는 마이크로비트의 입력 장치를 활용하면 돼요.
A버튼을 누르면 기호 4번, B버튼을 누르면 기호 5번, A+B를 동시에 누르면 기호 6번, 가운데의 LED 빛 센서를 가려서 어두워지면 기호 6번에 투표하는 방법으로 투표 번호를 늘릴 수 있어요.

한 걸음 더

이 활동은 학습 시간이 남은 학생이거나 가정에서 별도 학습을 하고자 하는 학생들을 위한 공간입니다.

▶ 마이크로비트의 라디오 기능과 핀을 이용하여 두 개의 마이크로비트로 이중주 합주 연주를 하는 프로그램을 만들어 봅시다.

악기 만들기

마이크로비트 2개, 악어 케이블 4개, 이어폰(피에조 버저) 2개 등을 준비합니다.

⠿ 이어폰을 연결할 때

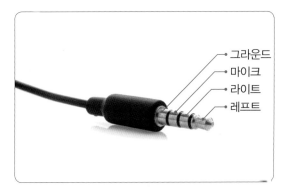

그라운드
마이크
라이트
레프트

① 이어폰 잭의 4개의 구분선을 확인하여 마이크로비트와 이어폰(피에조 버저)을 악어 케이블로 연결합니다.

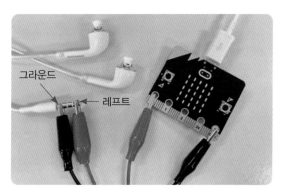

그라운드
레프트

② 마이크로비트 PO(0번 핀)는 이어폰 레프트에, GND는 이어폰 그라운드에 악어 케이블을 연결합니다.

⠿ 피에조 버저로 연결할 때

피에조 버저로 연결할 때는 긴 쪽이 양(⊕)극이므로 마이크로비트의 PO(0번 핀)와 연결하고, 짧은 쪽이 음(⊖)극이므로 GND와 연결하세요.

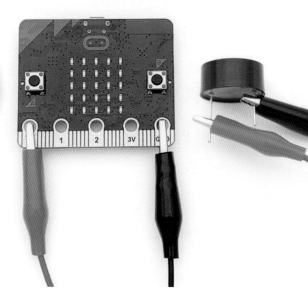

마이크로비트가 숫자를 보내고 받는 시간이 매우 빠르기 때문에 동시에 연주가 시작되는 것처럼 느껴지지만 매우 짧은 딜레이(기다리기)가 있어요.

❶ (송신용) 마이크로비트로 높은 성부(고음부)를 연주해 볼까요?

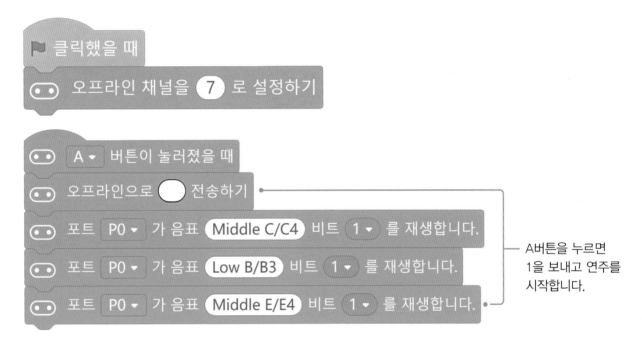

A버튼을 누르면 1을 보내고 연주를 시작합니다.

❷ (수신용) 마이크로비트로 낮은 성부(저음부)를 연주해 볼까요?

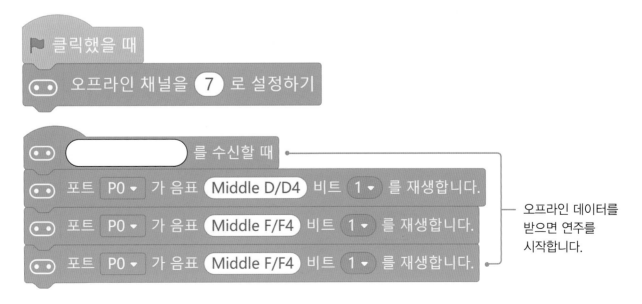

오프라인 데이터를 받으면 연주를 시작합니다.

스크래치와
마이크로비트로
배우는 교과 융합 코딩

초판발행　2020년 10월 1일

지 은 이　씨마스에듀코딩교육연구회(유경선, 최현수, 최현진, 이은경)
펴 낸 이　이미래
펴 낸 곳　(주)씨마스
주　　소　서울특별시 중구 서애로 23(필동 3가 21-7) 통일빌딩
등록번호　제301호-2011-214호
내용문의　02)2274-1590~2 | 팩스 02)2278-6702

편　　집　권소민, 김영미, 이은경, 신태환, 최햇님
디 자 인　표지: 이기복, 내지: 김영수
마 케 팅　김진주

홈페이지　www.cmass21.co.kr | **이메일**　cmass@cmass21.co.kr
이 책에 대한 의견이나 잘못된 내용에 대한 수정 정보는 씨마스 홈페이지나 이메일로 알려 주시기 바랍니다.
잘못된 책은 구매처 또는 본사에서 교환해 드립니다.

I S B N　979-11-5672-386-8

문 의 처　T. 02) 2274-1590~2
홈페이지　cmassedumall.com

──── 오리는 선

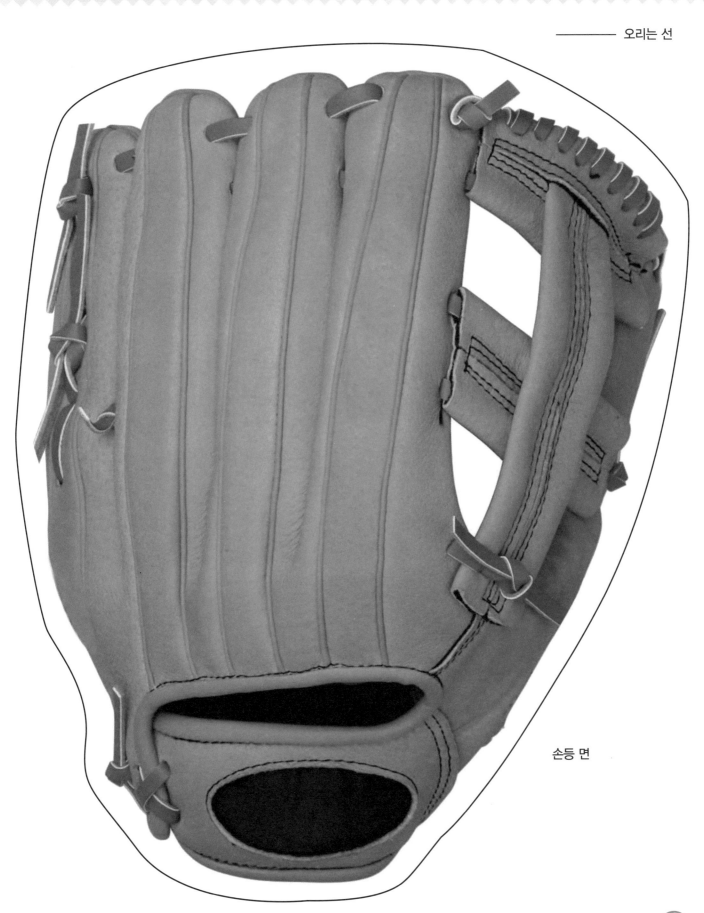

손등 면

———— 오리는 선

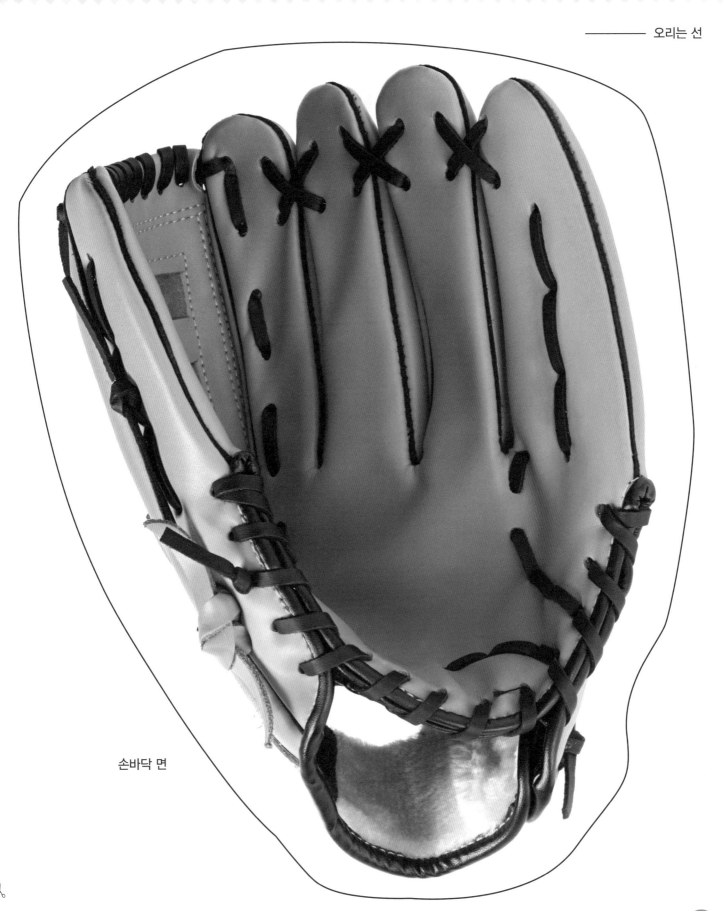

손바닥 면

---·--·-- 밖으로 접는 선   ---------- 안으로 접는 선   ———— 오리는 선   ▨ 풀칠하는 면

---·-·---· 밖으로 접는 선 ─────── 오리는 선 ▨▨▨ 풀칠하는 면

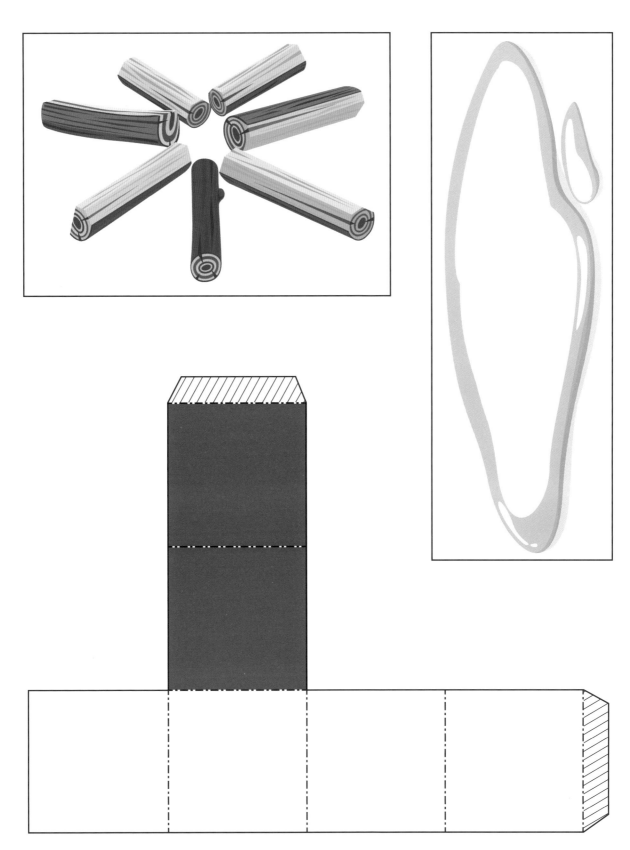

———— 오리는 선

―――― 오리는 선

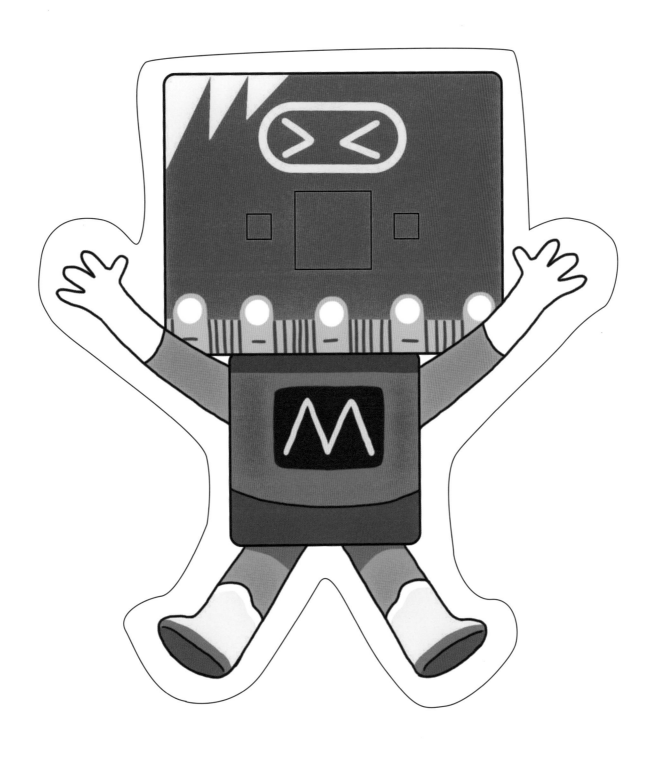

스크래치와 마이크로비트로 배우는 교과 융합 코딩

–·––·––·– 밖으로 접는 선　———— 오리는 선　////// 풀칠하는 면

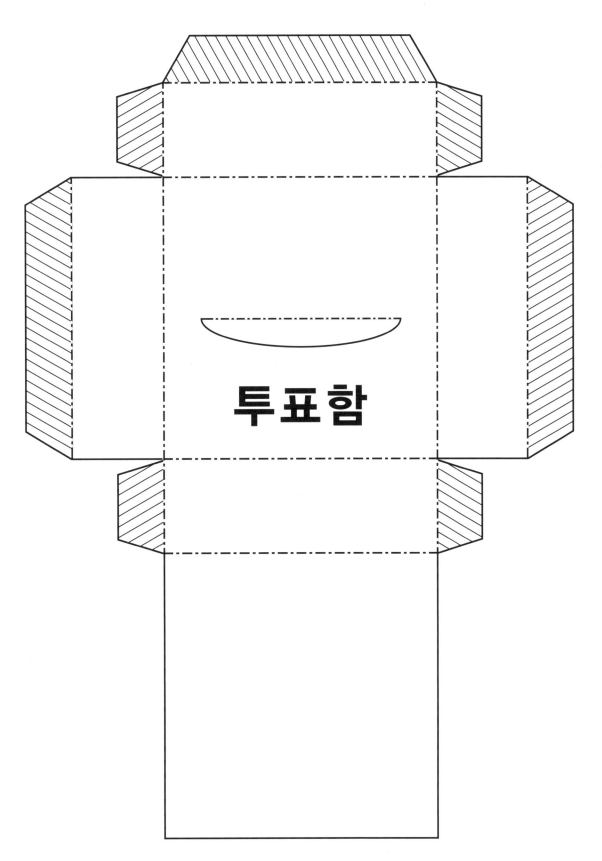

투표함

스크래치와 마이크로비트로 배우는 교과 융합 코딩

—— 오리는 선

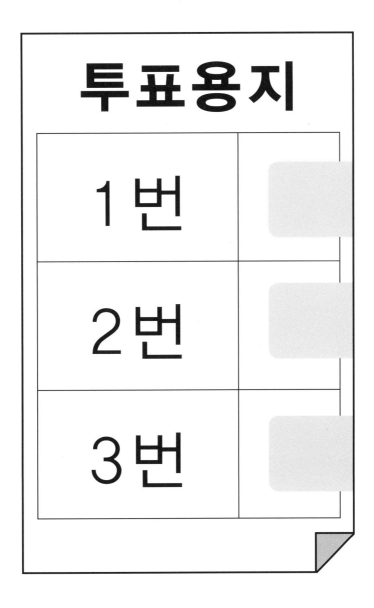